気になる子どもの \できた!/ が増える

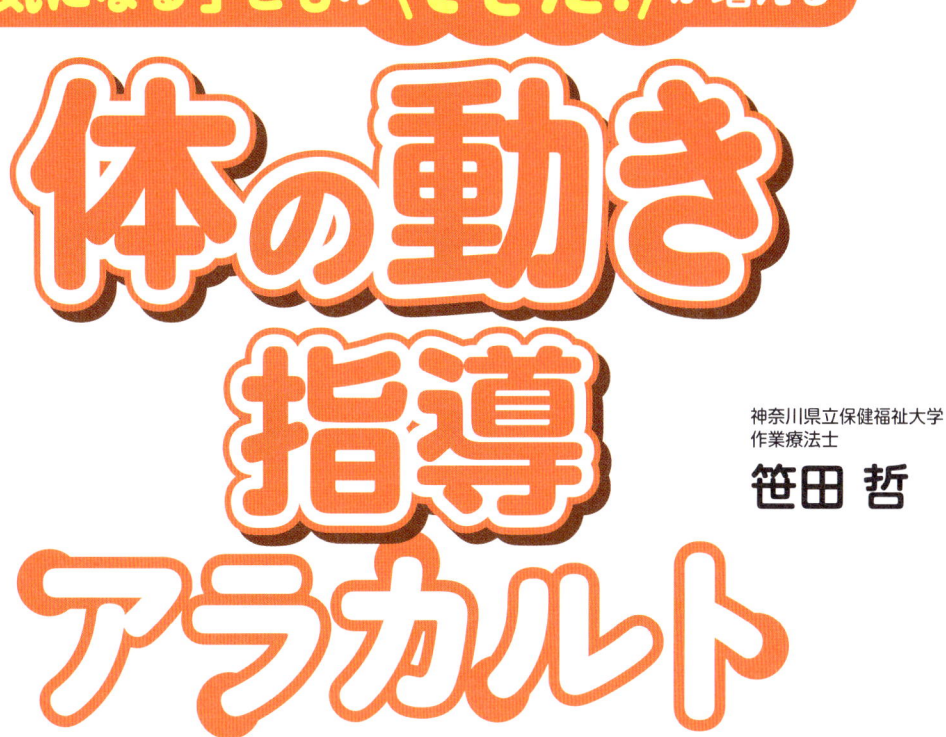

体の動き指導アラカルト

神奈川県立保健福祉大学
作業療法士
笹田 哲

はじめに

　学校を訪問すると、教室で気になる動きをする子どもたちを見かけます。たとえば、いすに座れず、姿勢がすぐ崩れる子。鉛筆のもち方が正しくない子、平坦な場所にもかかわらずよく転ぶ子など様々です。教師に話を聞くと、「気にはなっているが、具体的に何をどう指導していいのかわからない」と困っているようです。子どもができないとき、できるまで単純に繰り返し指導するのではなく、子どもの動きからできない原因を探り、そのレベルにあわせた指導をすることが必要となります。

　序章では、動きの見方や考え方について解説しています。1章では、動きの基本というべき、座る、立つ、バランスを保つ、指先を使う、見ることについて取り上げます。2章では、指先の動きに焦点をあて、机上の学用品の操作について解説します。3章では、体育でおこなわれる体の動きに焦点をあて、解説します。最後に4章では、学校や家庭生活における、肥満傾向の子ども・ケガしやすい子どもについて取り上げます。

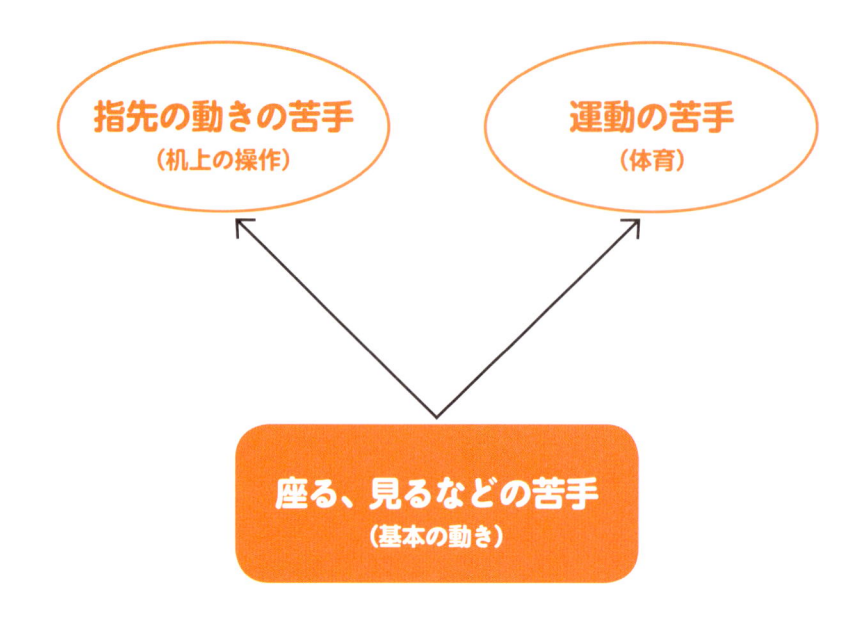

```
  指先の動きの苦手          運動の苦手
   （机上の操作）           （体育）
         ↖             ↗
         座る、見るなどの苦手
            （基本の動き）
```

1章から4章の各章は、「苦手チェックリスト」、「動きの解説」、「指導アラカルト」と3つのブロックで構成されています。

1. 「苦手チェックリスト」の項目は、苦手な子に見られるパターンをあげています。
2. 「動きの解説」では、3～4段階に分けたピラミッド構造で動きを図式化しています。動きにどのようなメカニズムがあるのか、動きができるようになるためにどのような機能が必要なのか説明しています。

　第1段階は姿勢、バランスといった動きの土台となる機能です。第2段階は、両手の操作の指先に焦点をあてています。第3段階は、先生を見る、教科書やノートを見るなどの見る機能の段階です。第4段階は、注意や思考などの認知機能です。例えば、説明を聞いて、やり方を考える、先生の話に注意をむける、やる気、意欲などが含まれます。いわば学習の中核をなす領域ともいえ、ピラミッドの一番上位に位置しています。

　子どもたちの学習場面に関わっていると、意欲、理解力、表現力、注意力などの第4段階に、つい目がいきがちです。しかし、この第4段階

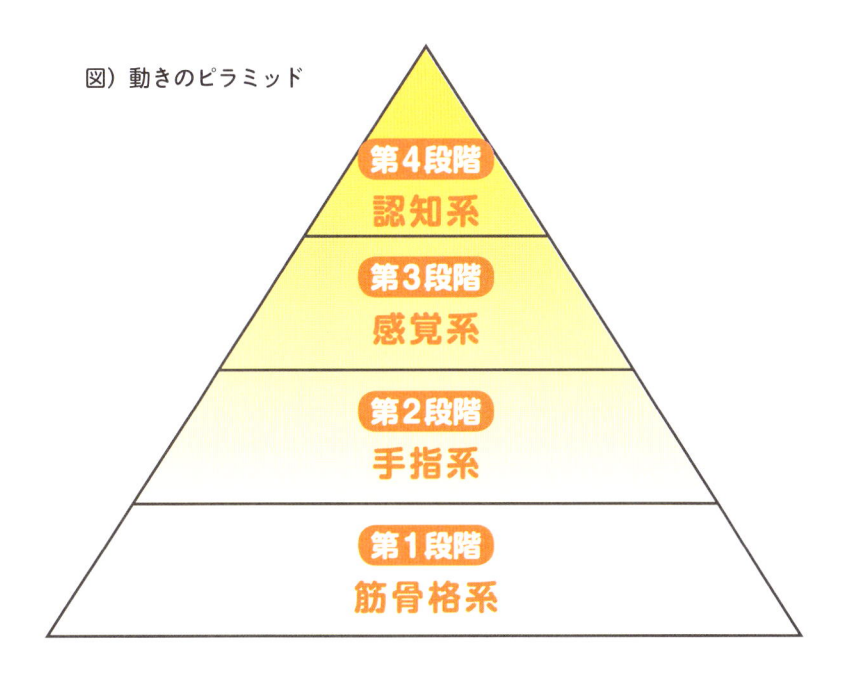

図）動きのピラミッド

- 第4段階　認知系
- 第3段階　感覚系
- 第2段階　手指系
- 第1段階　筋骨格系

はじめに

の能力が十分発揮されるためには、下の第3段階の見る力や第2段階の指先の操作力が必要ですし、さらに、机での学習においては座る姿勢、運動の学習では立つ姿勢の第1段階が十分備わって、はじめて学習が向上していきます。第4段階だけにとらわれず、第1段階から第3段階までも見ていきましょう。

3 「指導アラカルト」では、段階的な指導例を示しています。

　ここではどれくらい、何回やればよいのかということは、あまり説明していません。どの子もみんな同じ回数というマニュアルはないからです。最初は5回から始めて、慣れてきたら10回おこなうというように、子どものレベルをよく見ながら、適切な回数を決めてください。

　本書は、主に教師を対象に書かれていますが、かなりの内容が家庭でも取り組めるものです。教師が保護者と面談するときに本書の内容を参考にする方法もあります。保護者の方には、学校での取り組みと並行して、家庭でも子どもと取り組んでほしいと思います。

指導アラカルトの記号の見方

★★★
難易度の3段階を、★印で表しています。難易度の低い指導（★1つ）からおこないましょう。

応用
正しく動けるようになったら、チャレンジさせたい指導です。

教室でできる **体育館でできる** **校庭でできる** **家でできる**
指導をするのに適した場所を示しています。

机 **いす**
指導に使う道具を示しています。

チェックリスト 2 3 4 10 に有効
苦手チェックリストとリンクします。指導が、どんな子どもに特に適しているのかがわかります。

NG
ありがちな間違いを、写真と一緒に解説しています。

● before & after ●
指導をする前とした後の、動きの比較です。指導の効果を確認しておきます（写真はモデルによるもの）。

目次

はじめに ……………………………… 2

序章
「苦手」を「できる」に変えるために …… 7

第1章
基本の動作が苦手 …………………… 15
1. 座るのが苦手 ………………………… 16
2. 立つのが苦手 ………………………… 24
3. バランスを保つのが苦手 …………… 30
4. 指先を使うのが苦手 ………………… 36
5. 見るのが苦手 ………………………… 44

第2章
手先の動きが苦手 …………………… 51
1. 鉛筆で書くのが苦手 ………………… 52
2. はさみで切るのが苦手 ……………… 58
3. 定規を使うのが苦手 ………………… 64
4. コンパスを使うのが苦手 …………… 70
5. 鍵盤ハーモニカを吹くのが苦手 …… 76
6. リコーダーを吹くのが苦手 ………… 82
7. 箸で食べるのが苦手 ………………… 86

目次

第3章

運動が苦手 —— 93
1. 走るのが苦手 —— 94
2. マット運動（前転）が苦手 —— 100
3. なわとびが苦手 —— 104
4. 鉄棒（逆上がり）が苦手 —— 110
5. ボールをとるのが苦手 —— 114
6. ボールを投げるのが苦手 —— 120
7. 水泳（クロール）が苦手 —— 126
8. とび箱が苦手 —— 132
9. サッカー（ボールキック）が苦手 —— 136

第4章

その他の苦手 —— 143
1. 肥満でしゃがむ、すばやく動くのが苦手 —— 144
2. ケガしやすい（転ぶ、ぶつかる） —— 150

おわりに —— 156

COLUMN 1	指導アラカルトで使う道具リスト	14
COLUMN 2	ほめるコツ	50
COLUMN 3	教科別苦手項目リスト	92
COLUMN 4	「もしかして、発達障害？」と気になったときは	142

序章

「苦手」を「できる」に変えるために

1 子どもたちの自己有能感、自尊感情を高めるために

　私が経験したエピソードを紹介します。小学校を訪問して、4年生のA君に個別に指導をおこない、プレイルームでキャッチボールをしようと提案しました。そして私がボールを投げたところ、A君はボールをキャッチできず落としてしまいました。すると次の瞬間、「ごめんなさい」と謝ったのです。私は初対面ですし、怒ったわけではありません。しかし、A君はとてもおどおどし、自信がないように見えました。

子どもの「できない」は大人とはちがう

　このように、運動では「できる」・「できない」がはっきり目に見えてしまいます。ボールを落とす、なわとびでなわが足にあたる、キックで空振りをするなど、失敗が本人のみならず、相手や友だちにもわかってしまいます。運動が苦手な子どもにとって、運動の場面というのは「失敗の連続」になる可能性があります。体育とは、苦手な子にとって、自分のできなさを披露する場となり、自己有能感や自尊感情を低下させてしまいます。大人がスキーができないのとはちがい、子ども同士の間では、運動のできる、できないというちょっとした差が決定的な問題につながることがあります。

レベルに応じた練習をする

　運動ができないとき、通常はその動作を繰り返し練習します。しかし、運動ができない子は、それだけではできるようにならないことが多いものです。そのような場合には、単なる繰り返しではなく、別の指導が必要となります。その子に合ったレベルで練習すること、つまり、ちょうどよい練習課題を見つけることが重要になります。それを積み重ねることで、できるようになってくるのです。「できる体」があってこそ、チャレンジしようという意欲がわきます。学習能力が向上するのも、「できる体」があってこそだと思います。

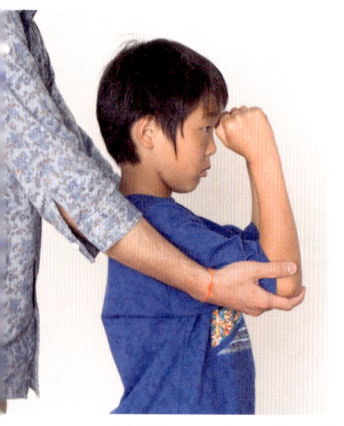

子どものレベルに合わせたサポートをします

序章　「苦手」を「できる」に変えるために

他の行為とはちがい、運動する場面では
「できる」・「できない」がはっきり相手にも見えてしまいます。
「できない」を克服するためには、
その子のレベルに合った練習が必要です。

① 失敗する

運動の「失敗」は目に見えるものです

⬇

② 相手にも失敗がわかる

⬇

③ 自分のできなさを披露する場に

運動＝「できなさを発表する場」と思ってしまう

繰り返し起こりがち

⬇

自己有能感や自尊感情の低下に

2 「サッカーが得意だから大丈夫！」と思っても……

「できる」は同一ではない

　一見、動きができているからといって、それでよいとは限りません。「○○はできますか？」と教師や保護者に質問し、「できます」と答えが返ってくるような場合でも、そこで実際に子どもに運動させてみると、十分なレベルとは言い切れないことがあります。確かにまったくできていないというわけではないのですが、やっとできたという状態のことも多いのです。スムーズに丁寧にできたのか、そうでないのか、質的な差をきちんと見極めることが重要なのです。

長い目でみた指導を

　さらに、今できているとしても、今後学年が進むにつれて、さらに将来の就労を見据え、今おこなっているやり方でよいのか判断しなければなりません。結果だけにとらわれず、子どもがどのようにおこなったのか、その過程（プロセス）を見ていくことが大切です。

得意な動きがあっても全てOKとは限らない

　また、「野球やサッカーは得意なので、運動は問題ありません！」という話もよく聞きます。小さい頃から積み重ねてきた運動は、比較的上手になっていくものです。しかし野球やサッカーができるのに、転びやすかったり、相手に合わせて集団の中で上手にできなかったり、力加減ができなかったりする子をみかけます。また、自分のペースではできても、相手のことを考え、動きをみて合わせながら運動をするのが苦手という子も見かけます。
　この違いを見極めて評価することが、その子が何に困っているのかを発見し、次の具体的な指導につながっていくのです。

序章　「苦手」を「できる」に変えるために

運動の「できる」にもいろいろな段階があります。
自分の子はどのような段階なのか、
「この運動はできている」と結果だけ見るのではなく、
その過程を見ていきましょう。

サッカーはできているから大丈夫

実際に見てみると……

A

ドリブルで相手を楽にかわせます

B

1人でドリブルができます

2人の"できる"には質の差があります

⬇

「できた」結果ではなく、動きの様子を見て判断する

3 体の仕組みを知ること

経験値より経験の内容

　「この子ができないのは、経験不足だから」という話をよく耳にします。そして「経験を重ねればできるようになると思います」と、それで話が終わってしまうのです。本当に、経験させればそのうち自然とできるようになるのでしょうか？　例えば、どんなことを経験させるのでしょうか？　"筋力をつける、体力をつける"だけではできるようになりません。その子の能力以上の経験では、逆に失敗してしまいます。経験の「内容」が重要なのです。その子にとって、ちょうどよい経験を見つけることが必要です。

体の仕組みを知り、的確な指導を

　そのためには、体の仕組みを知ることが大切です。体の仕組みがわかれば、なぜその子ができないかが見えてきます。運動が苦手な子に、ただ口頭で伝えても、思うようにできるようにはならないものです。大人が口頭で「こうやって」、「上にあげて」、「もっと力強く」、「先生が今やったようにひじを……」などと、思っている以上に遠隔操作で指導していることが多いものです。

　右ページのイラストを見てください。逆上がりをするためには腕の力はそれほど必要ではありません。むしろ、股関節の動きがカギになります。そのような体の仕組みを理解していないと、アドバイスもサポートも的はずれなものになってしまいます。適切にサポートしていくと、できる手がかりとなります。苦手な子どもが徐々にできるようになっていくと、いきいきとして、自ら体を使って運動していきます。私が「体が楽しんでいる」、「体が笑っている」と呼んでいる状態になることが、指導のゴールの1つなのです。

序章 「苦手」を「できる」に変えるために

やみくもに指導をしても、
その運動ができるようになるとは限りません。
体の仕組みを理解し、効果的にサポートしてあげましょう。

OK

丸まる姿勢を意識して

股関節の動きが大切なのよね

体の仕組みを理解し、指導できています

NG

とにかく腕に力を入れて

腕立てふせをさせたからできるはず

単に筋力をつければいい、という指導では、運動の成果は出ません

COLUMN 1

指導アラカルトで使う道具リスト

この本で使用する道具を以下にまとめました。教室・家庭で手軽に取り組んでいただけるよう、なるべく身近にある物を使用しています。

道具名				
机	いす	たまごパック	バランスボール	新聞紙
ボール	付箋	ペットボトル	フラフープ	雑巾
セロテープ	折り紙	大きなビニール	紙	時計
とび箱の台	紙風船	うちわ	平均台	お椀
さいころ	なわとびのなわ	卓球ボール	洗面器	割り箸
ひも	鉛筆	マット	はさみ	お菓子の袋
粘土	輪ゴム	スタンプ	アルミホイル	トイレットペーパーの芯
ティッシュ	シャボン玉	定規	将棋のこま	箸
爪楊枝	タオル	リストバンド	コンパス	和紙
ガーゼ	こま	チラシ	白色の紙	ゴム手袋
布巾	色つきシール	リコーダー	お盆	鍵盤ハーモニカ
ジャングルジム	肋木（ろくぼく）	登り棒	スケートボード	プチプチ（緩衝材）
ぜんまい式のおもちゃ	ブロッククレヨン	スポンジ	コルク	リング（例えばガムテープの芯）
ブロック	小球	クレヨン	ピンセット	鉄棒
シール				

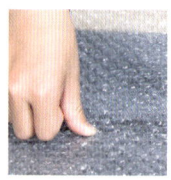

プチプチ（緩衝材） 　ぜんまい式のおもちゃ 　ブロッククレヨン 　スポンジ

コルク 　リング（例えばガムテープの芯） 　ブロック 　小球

第1章
基本の動作が苦手

CONTENTS
1. 座るのが苦手 　　　　　　　　P16
2. 立つのが苦手 　　　　　　　　P24
3. バランスを保つのが苦手　　　　P30
4. 指先を使うのが苦手 　　　　　P36
5. 見るのが苦手 　　　　　　　　P44

1 座るのが苦手

教室ではほとんどの時間、いすに座って勉強をします。正しく座れないと、授業中の集中力や作業の精度に影響してきます。改めて、いすの座り方を学びましょう。

1 苦手チェックリスト

こんな子いませんか？

1. 腰が後ろに丸まっている（骨盤が後傾している）
2. 足を床から離して座っている
3. ひざを伸ばして、足を前に放り出して座っている
4. いすの背にもたれて深く座っている
5. くつを脱いで座っている
6. くつのかかとを踏んで座っている
7. いすから滑り落ちそうになる
8. 机に伏せる、もたれかかる（寝そべるなど）
9. 体を机にぴったりとつけて座っている
10. いすをブランコのように揺らしている
11. いすの端に座っている
12. 座っているが落ち着きがない
13. 片足を座面にのせて座っている
14. いすや机の位置が動く
15. 繰り返し注意しても、いすの座り方がよくならない

第1章　基本の動作が苦手

2　動きの解説

平衡感覚や足のセット位置を見るための視覚、姿勢を保つ感覚系が重要となってきます。

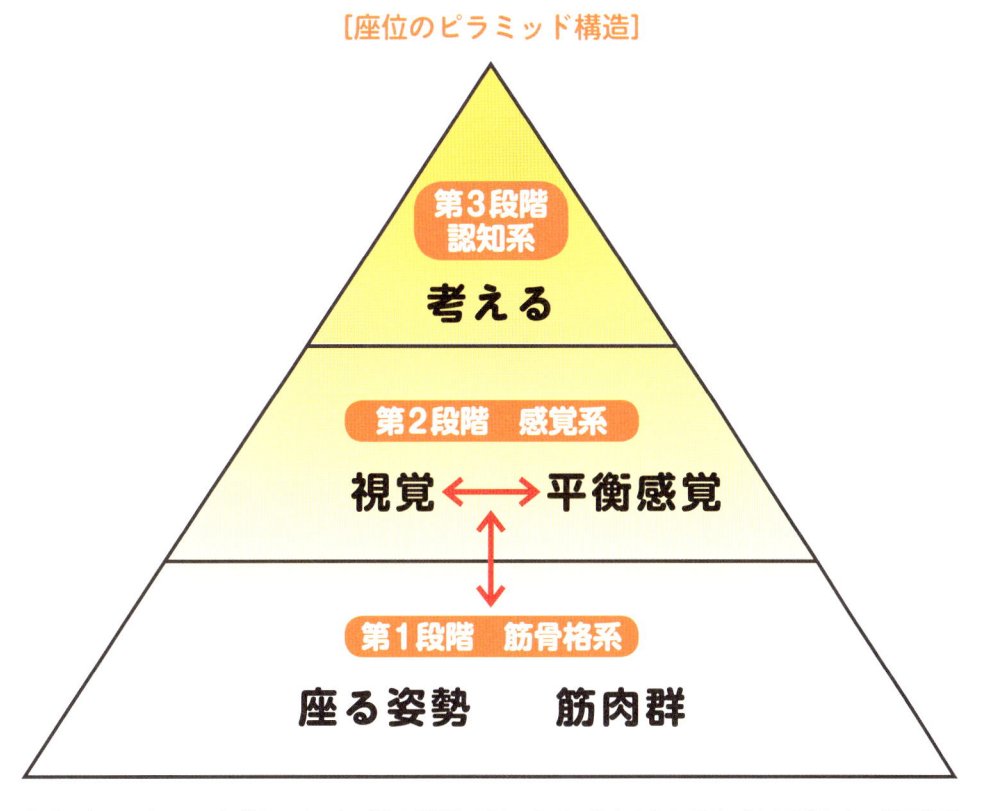

［座位のピラミッド構造］

第3段階　認知系
考える

第2段階　感覚系
視覚 ←→ 平衡感覚

第1段階　筋骨格系
座る姿勢　　筋肉群

上手に座るためには、気持ち、やる気（第3段階）だけでなく、体を支える筋肉（第1段階）と、位置情報をキャッチする視覚、平衡感覚（第2段階）の相互の働きが必要です。

POINT!

- ❶ **体が傾かないように、バランス感覚を確認する**
- ❶ **足のセット位置を見る**
- ❶ **サポートして骨盤を前傾にする**

→ 正しく座るためには筋肉だけ鍛えても十分とは言えません。バランス感覚もやしにしましょう。また、足の支えは正しい座り方を「持続」させるために重要です。骨盤が後傾しないよう、セット位置を確認しましょう。

1　座るのが苦手

◆ 姿勢の良し悪しは骨盤と足のセットでチェックする

　正しく座れない子に、「背筋をまっすぐ伸ばしなさい！」と注意しても、それだけでは改善されません。背筋を伸ばしても、骨盤が後傾した状態のままならば、またすぐに崩れてしまいます。丸まった姿勢で手を動かしてノートをとったりしても、時間がかかったり、丁寧にできなかったりして、学習の遅れの原因になり、結果的に「やる気」がなくなってしまいます。

悪い姿勢の例

　私たちは体のどこで座っているのでしょうか？　腰の部分にある、出っ張っている左右の骨（坐骨結節と呼びます）で体重を維持し座っています。座り方が崩れる原因は、坐骨結節で支持せず、尾底骨周辺で座ることです。
　また、足がどの位置にセットされているかも重要です。セットの位置によって、いすの背もたれと体の距離が変わり、姿勢も変わってくるためです。

第1章　基本の動作が苦手

◆ 骨盤が前傾か後傾かで姿勢は変わる

　姿勢で見るべきところは、骨盤が前傾なのか後傾なのかということです。

　坐骨結節で体を支えると背筋は伸びてきます。このとき骨盤は前傾します。前傾だと、腰が立っているように見えます。反対に腰が後ろに丸まった状態を後傾と言います。

　骨盤が後傾すると、背筋も丸まってきます。いわゆる猫背の格好です。そうなると頭が下がり首を左右に動かしたり、顔を上に動かしたりすることが難しくなってきます。

骨盤が前傾しています 　　　　　　　　骨盤が後傾しています

　また、割り座をすると骨盤がゆがみやすくなり、後傾の原因となるのでやめさせましょう。

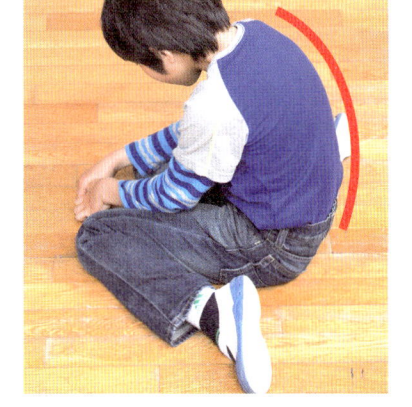

割り座です。背中が丸まりやすく、骨盤のゆがみにつながります

　どうしても姿勢が崩れてしまう子には、背筋が伸び、骨盤が前傾になるよう、サポートしてあげましょう。

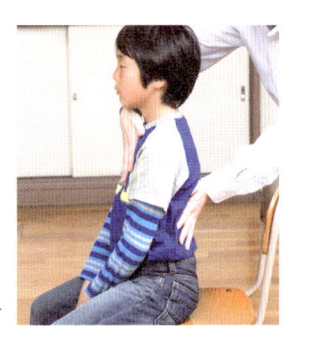

サポートして前傾姿勢を身につけさせます

1 座るのが苦手

3 指導アラカルト

浅く座る ★

正しい姿勢をうながす

いすに深く腰かけ背もたれにぴったりつけて座っていると、骨盤の後傾を誘発するので注意が必要です。いすに浅く座り、骨盤を前傾させます。

机との距離が少し離れていて、適切です。いすに浅く座り背骨がまっすぐ伸びた状態になっています

教室でできる
机 いす
チェックリスト
1 4 8 9
に有効

NG 机との距離が近すぎます。動きが抑制され骨盤の後傾を引き起こし、崩れの原因となります

腰セット ★

正しい姿勢をうながす

口頭の説明だけで改善しないときは、次のような身体ガイドが有効となります。胸部の上と、背中の真ん中に手をあて、サンドイッチし、上にもち上げるようにサポートします。腰が起きる（骨盤が前傾する）ようにセットします。

家でできる
いす
チェックリスト
1 4 5 7 11 13 15 に有効

サポートして正しい姿勢を身につけさせます

第1章　基本の動作が苦手

足セット ★

正しい姿勢をうながす

腰だけでなく、足にも注目しましょう。足の支えが不安定だと、座りも不安定になり、長く座り続けることが困難になります。
- 足が床から離れブラブラしている→足を床につけます
- 足を前に放り出している→ひざを曲げ、足底を床につけます
- くつを脱ぐ、かかとを踏む→くつを履き、足を床につけて座るようにうながします

くつを脱いでしまう原因の1つに、触覚の過敏が考えられるので確認します。

教室でできる　机　いす
チェックリスト
2 3 4 5
6 10 12 13
14 15 に有効

左の写真は左右の足裏が床についておらず、体を支えられていない状態です
右の写真は足を机のパイプにのせており、しっかり支えられていません

左の写真は足を前に放り出して、座りが不安定な状態です
右の写真は片足を座面にのせて、座りが不安定な状態です

足を机の脚にかけていて、上体をしっかり支えられません

あぐら座り ★★

正しい姿勢をうながす

手で体を支えないようにするため腕を組みます。股関節をしっかり広げてあぐら座りをします。

家でできる
チェックリスト
1 4 8
に有効

あぐらといっても、足を軽く組むだけで構いません

NG 骨盤が後傾して、猫背になっています

1　座るのが苦手

応用　手組み体操　★★

背筋の伸ばしをうながす

両手を組んで、机の上で前後、左右に動かしたり、手を組んだまま足を上下に動かす運動です。

> 教室でできる
> 机　いす
> チェックリスト
> 1　7　9　15
> に有効

① 前後体操

両手を組み、両ひじは机につけてしっかり支え、組んだ両手をあごにつけます

両手を前方へ倒し、机につけます。これを5回程度繰り返します

> 背筋がのびているかチェックします

② 左右体操

両ひじは、机につけてしっかり支えます

顔を右側に傾ける、次に左側に傾ける、を5回程度繰り返します

> 背筋がのびているかチェックします

NG 左右に傾くとき、ひじが机から離れてしまっています

第1章　基本の動作が苦手

③ 足保持体操

両ひじは、机につけてしっかり支えます

両足を床から5秒離します。これを5回程度繰り返します

背筋がのびているかチェックします

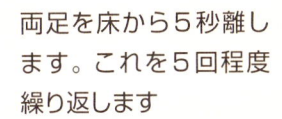

④ 足交互体操

両ひじは、机につけてしっかり支えます。足を交互にあげます

before & after

手組み体操をすると、いすに座ったとき、自然に浅く座り、骨盤が前傾になる正しい姿勢をとることができるようになります。

before

いすに深く座り、骨盤が後傾になっています

after

手組み体操をするといすに浅く座り、骨盤が前傾になります

座るのが苦手な子へのサポートのコツ

腰と足に注目し、背筋を伸ばす

背筋を伸ばすことに目を向けます。ポイントは、第1に腰をきちんとセットできているか、第2に足で体をきちんと支えているかです。

2 立つのが苦手

運動は、立つ姿勢から始まります。立つ姿勢が悪いと疲れやすく集中力が低下してきます。改めて立つ学習をしましょう。

1 苦手チェックリスト

こんな子いませんか？

1. 背中を丸めて立っている
2. 顔が下のほうを向いている
3. 静止して立っていられない（ふらつく）
4. 片方の足に体重をかけて立っている
5. 左右の足を交差させて立っている
6. かかと部に体重をかけて立っている
7. つま先に体重をかけて立っている（つま先立ちなど）
8. ひざを曲げて立っている
9. ひざをつっぱらせて立っている
10. お尻を後ろに突きだして立っている
11. O脚になっている（左右のひざがつかない）
12. X脚になっている（内股）
13. 全身に力を入れて立っている（肩、腕など）
14. 頭が傾いている
15. 壁などに寄りかかろうとしたり、座ろうとしたりする

2 動きの解説

よい立ち姿勢の条件は、筋力だけではありません。バランス感覚を働かせ、目から視覚情報をしっかり認知することが大切です。

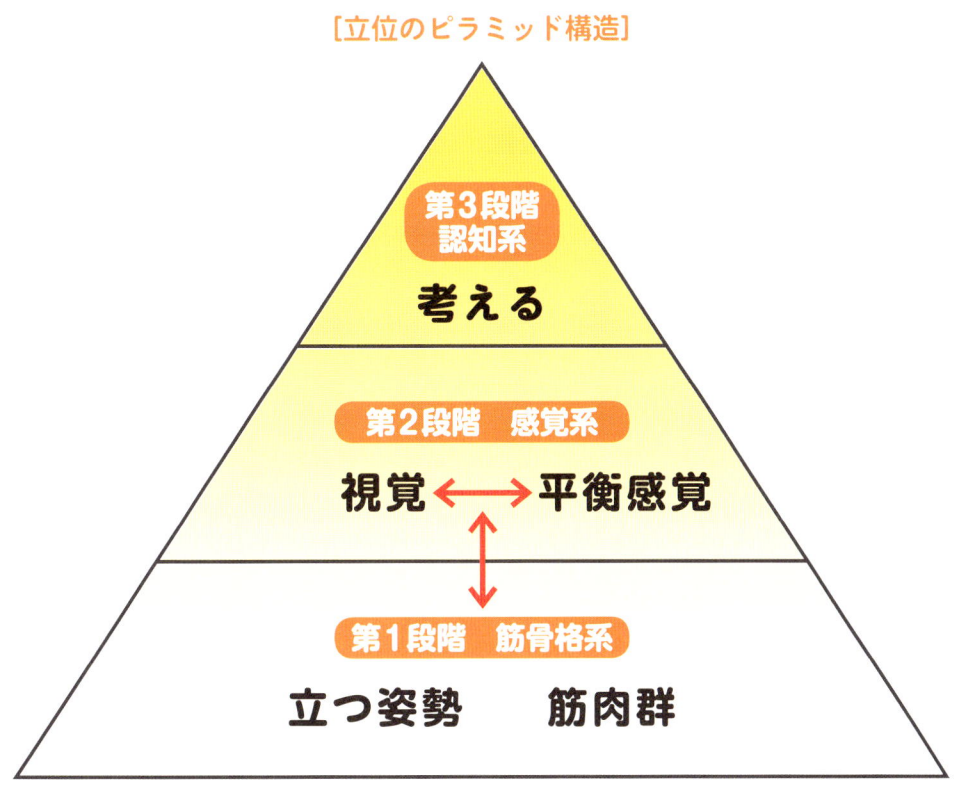

[立位のピラミッド構造]

- 第3段階 認知系：考える
- 第2段階 感覚系：視覚 ⇔ 平衡感覚
- 第1段階 筋骨格系：立つ姿勢　筋肉群

上手に立つためには、気持ち、やる気（第3段階）だけでなく、体を支える筋肉（第1段階）と、位置情報をキャッチする視覚、平衡感覚（第2段階）の相互の働きが必要です。

POINT!

- ❗ **腰を起こして立つ**
- ❗ **肩や腕の余分な力を抜く**
- ❗ **体幹を安定させてよい姿勢を身につける**

→ 体の各部位が一直線になるように意識します。また、体幹を安定させると腕や足が上手に動かせるようになります。

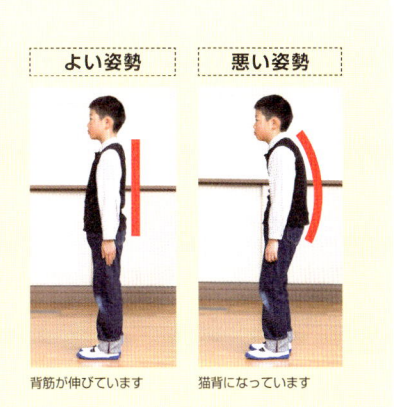

よい姿勢	悪い姿勢
背筋が伸びています	猫背になっています

2 ▸ 立つのが苦手

3 指導アラカルト

振り子立ち体操 ★

体幹の筋力をやしなう

つま先立ちとかかと立ちを組み合わせた体操です。まっすぐに立ち、足の位置をずらさないようにして、つま先立ちとかかと立ちを繰り返し、体幹を動かしてバランスを調整します。

家でできる
チェックリスト
1 3 6 7
10 11 12 13
14 に有効

まっすぐに立ちます

つま先立ちをします

かかと立ちをします

天井体操 ★

背筋を伸ばし、手首の力をうながす

立ち姿勢から天井を見て、手のひらを天井につけるように背伸びします。そのとき、首もしっかり伸ばして天井を見るようにします。この体操は背筋を伸ばしますが、同時に、手首の反らしと、頭部の伸ばしもうながします。さらに背伸びするので、足首も鍛えられます。

首をしっかり伸ばして天井を見ます

家でできる
チェックリスト
1 2 に有効

天井を見て、手のひらを天井につけるように背伸びします

NG 首が反っておらず、天井を見ていません

26

第1章　基本の動作が苦手

手組後ろ伸ばし体操 ★★

背筋の伸ばしをうながす

両手を背中側で組み、お尻につけます。次に両手を組んだままお尻から離します。5回程度繰り返します。

両手を後ろの背中で組みます

家でできる
チェックリスト
1 4 5 7 10
に有効

両手を組んだままお尻から離します

NG 背中が曲がってしまっています

しっかり握れず、手が開いてしまっています

手首をもう片方の手で握ってしまっています

かかと歩き ★★

背筋の伸ばしをうながす

つま先を床から離し、かかとを使って歩きます。ペンギン歩きとも呼ばれているものです。できるだけゆっくり歩くようにします。背筋を伸ばしているかどうかも確認しましょう。

家でできる
チェックリスト
1 7 8 11
12 13 に有効

かかとを使って歩きます

2 立つのが苦手

ひじつけ体操 ★

背筋の伸ばしをうながす

腕を水平に伸ばし、ひじは曲げ、手は軽く肩につけます。左右のひじを体の中央部でつけます。しっかりつけたら元に戻します。これを5回程度繰り返します。

ひじは曲げ、手を軽く肩につけます

左右のひじを体の真ん中でつけます

家でできる チェックリスト **15** に有効

NG 手が肩から離れてしまっています

つま先歩き ★★

バランス・足首・ふくらはぎの力をやしなう

かかとを床から離してつま先を使って歩きます。できるだけゆっくり歩くように意識させます。顔は前方を向くようにうながします。

家でできる チェックリスト **1 3 6 8 11 12 13** に有効

つま先を使って歩きます

第1章　基本の動作が苦手

応用　親指回し体操
★★★

胸をひらき背筋を伸ばす

両腕を伸ばしたまま起立します。手は親指を伸ばし、ほかの4本指は曲げて、体側につけます。次に親指を外側に回しながら、腕を外側に広げていきます。親指が後ろの方まで回ったらもとに戻ります。背筋が伸びているか確認します。これを5回程度繰り返します。

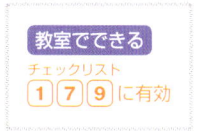

教室でできる
チェックリスト
①⑦⑨に有効

親指を伸ばして体側につけます

親指を外側に回しながら、腕を外側に広げていきます

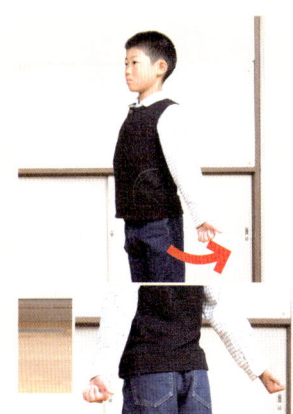

before & after

親指を外側に回す動きをすると、体の構造上、自然に背筋がまっすぐに伸びます。

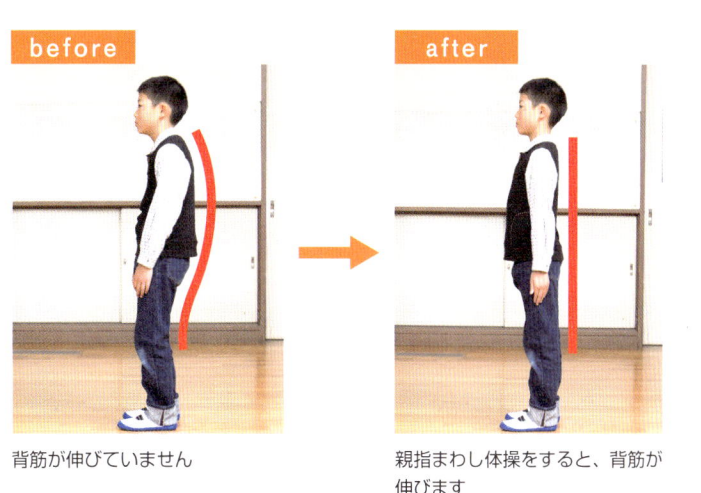

before：背筋が伸びていません

after：親指まわし体操をすると、背筋が伸びます

立つのが苦手な子への　サポートのコツ

声かけで改善しないなら体操を

まず最初に「背筋をまっすぐ伸ばして」と声かけをします。それでも変わらない場合、ここで紹介した体操をおこなってみましょう。

3 バランスを保つのが苦手

体育で体を大きく動かすときにはバランスが必要です。また授業中、座って学習するときやケガをしないように体を守るときも同様です。バランスを保つ学習をしましょう。

1 苦手チェックリスト

こんな子いませんか？

1. 動くときに体がふらつく
2. 教室、廊下などでよく転ぶ
3. 座っていると、徐々に姿勢が崩れてくる
4. 体が硬く見える（腕や首の動きが少ない）
5. 物や人にぶつかる
6. くつ、ズボンを立ったまま履けない（片足をあげて履けない）
7. 給食のお盆が上手に運べない
8. 階段の昇り降りが上手にできない
9. 平均台が上手にできない
10. なわとびが上手にできない
11. 上手に泳げない
12. 鉄棒の逆上がりが上手にできない
13. マットの前転が上手にできない
14. とび箱を上手にとべない
15. 上手にキックできない

2 動きの解説

バランスを保つには「感覚」も大きく関わっていて、特に「前庭覚」が重要となります。前庭覚は、体の傾きや位置情報をキャッチする感覚です。

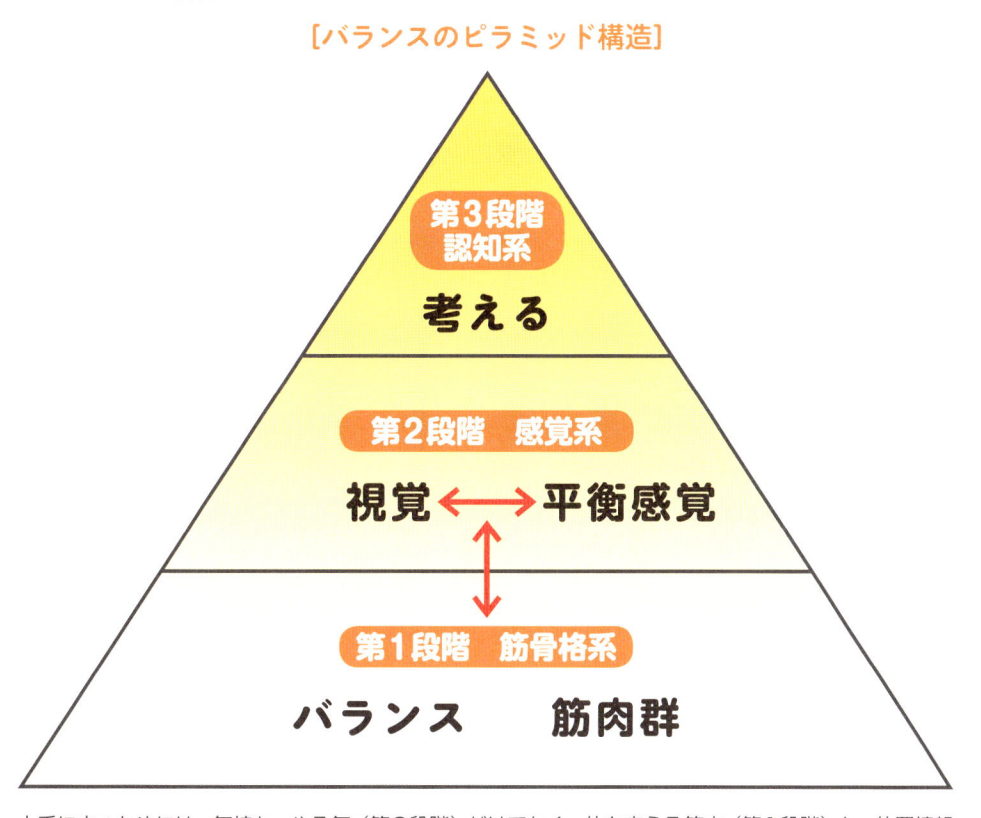

[バランスのピラミッド構造]

- 第3段階 認知系 — 考える
- 第2段階 感覚系 — 視覚 ←→ 平衡感覚
- 第1段階 筋骨格系 — バランス　筋肉群

上手に立つためには、気持ち、やる気（第3段階）だけでなく、体を支える筋肉（第1段階）と、位置情報をキャッチする視覚、平衡感覚（第2段階）の相互の働きが必要です。

POINT!

- **大きな運動にはバランス感覚が必要**
- **静止する運動にもバランス感覚が必要**
- **相手に合わせる運動にもバランス感覚が必要**

→ バランスが悪いと体を崩さないように意識するあまり、必要以上に動きを制限してしまいます。その格好が、あたかも硬く見えることがあるので注意しましょう。
また、立ち続ける・座り続けるといった動作のときも、実はバランス感覚を働かせています。

3 バランスを保つのが苦手

3 指導アラカルト

線上立ち ★

バランス感覚をやしなう

体育館では、床に様々な線が引いてあります。これらの線を活用し、左右の足をこの線上に合わせて立ちます。

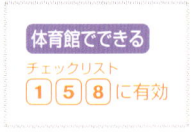

体育館でできる
チェックリスト
1 5 8 に有効

NG 背筋が曲がっていますし、つま先とかかとが線からずれています

この状態ができたら、つま先とかかとをつけるようにします。左右逆もおこないます

線上歩行 ★★

バランス感覚をやしなう

体育館では、床に様々な線が引いてあります。これらの線を活用し、線上を歩きます。慣れてきたら前後の足をすき間なくつけて歩きます。後ろ向きで歩くのもよいでしょう。

体育館でできる
チェックリスト
1 2 3 8 11 に有効

線上を歩きます

第1章　基本の動作が苦手

いす支え ★★

バランス、体幹の筋力をやしなう

いすの背もたれ側に起立します。体幹を前に傾けて両手でいすを支えます。両手で支えているときにお尻をつき出していないか確認します。体幹と下肢を前に傾けて支えるようにうながします。

教室でできる
いす
チェックリスト
6 10 15 に有効

いすの背もたれ側に立ちます

体幹を前に傾けて両手でいすを支えます

NG 手をつけて支えているように見えますが腰が引けていて、しっかり支えていません

いす脚のせ ★★

足の力・バランス感覚をやしなう

いすの座面部を片側の太ももに5秒のせ、片足立ちします。両手でいすの脚を握ります。この時難しい場合は、壁を支えにして片足立ちをしてもよいでしょう。左右5回程度おこないます。

教室でできる
いす
チェックリスト
3 8 11 に有効

片足立ちで、両手でいすの脚を握ります

壁で支えて片足立ちしてもよいでしょう

3 バランスを保つのが苦手

片ひざ立ち ★

バランス感覚をやしなう

立った姿勢から両方のひざを床につけ、上体はまっすぐ起こしたままにします。片方の足を前方に出し、ひざを約90度曲げます。

家でできる
チェックリスト 5 に有効

NG 足が外側に開いてしまっています

片ひざは床につけたまま、静止します

横転 ★

バランス感覚をやしなう

床に寝て頭を起こし、体幹をひねりながら転がります。エビ反りになって転がったり、丸太が転がるように、勢いをつけてひねらずに転がらないように注意します。左右両方向に転がりましょう。

体育館でできる
チェックリスト 3 4 7 11 に有効

NG 頭が起きずエビ反りになっています

床に寝て、ひねりながら横転します

第1章　基本の動作が苦手

はう ★

腕、足の力・バランス感覚をやしなう

高ばいでひざを床から離し、両手、両足を使ってはっていきます。できない場合、ひざをついてもよいでしょう。

家でできる
チェックリスト
3　4　8　10
13　15　に有効

NG
- 背筋が曲がってしまっています
- 足が内股になっています

ひざを床から離したまま、はっていきます

応用　バランスボールの活用 ★★★

腕の力・バランス感覚をやしなう

バランスボールに腹ばいにのります。床に両手をつけて崩れないように姿勢を保ちます。

腹ばいでバランスボールにのり、両手だけで支えます

家でできる
バランスボール
チェックリスト
8　9　12　14
に有効

NG
- 背筋が丸まり、顔が前を向いていません
- 指が丸まっています

バランスを保つのが苦手な子へのサポートのコツ

怖がる場合は静止からスタートする

バランスを保つのが苦手な子は怖い気持ちが先立ちます。大きく体を動かす前に、その格好で静止するところから学習するのがポイントです。

35

4 指先を使うのが苦手

授業では、様々な学用品を使います。これらを上手に操作できないと学習の妨げになります。基本となる指先の使い方を学びましょう。学用品ごとの動きは2章で解説します。

1 苦手チェックリスト

こんな子いませんか？

1. 鉛筆の操作が上手にできない
2. 消しゴムで消すのが上手にできない
3. 定規の操作が上手にできない
4. コンパスのひねり操作が上手にできない
5. 紙折りが上手にできない
6. コイン（小銭など）の操作が上手にできない
7. リコーダーの指の操作が上手にできない
8. 鍵盤ハーモニカの指の操作が上手にできない
9. ファスナーの操作が上手にできない
10. 上手にひもが結べない
11. ボタンかけが上手にできない
12. 荷物やかばんをもつのが上手にできない
13. 傘をもつのが上手にできない
14. 本や筆箱をもつのが上手にできない
15. なわとびのグリップを握るのが上手にできない

2 動きの解説

指先の操作は深部感覚、触覚や視覚の感覚系を使わないと上手にできません。深部感覚は指先の力の感覚で、触覚はザラザラ感などを識別します。視覚は手元をしっかり見るために重要です。

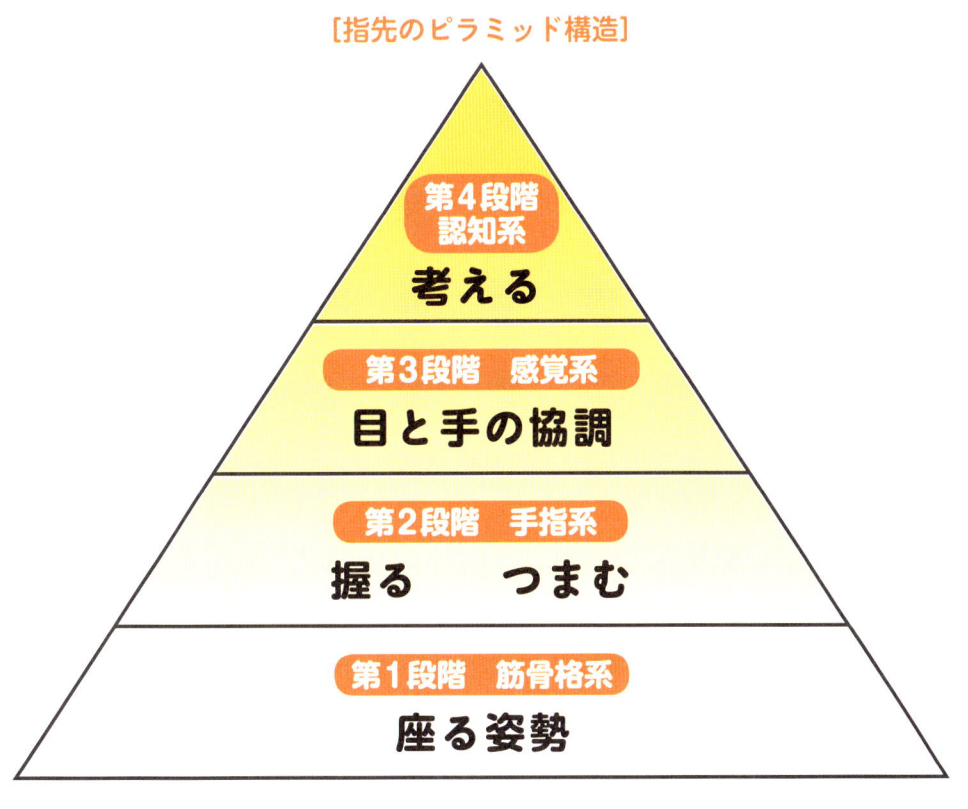

[指先のピラミッド構造]

- 第4段階 認知系 — 考える
- 第3段階 感覚系 — 目と手の協調
- 第2段階 手指系 — 握る　つまむ
- 第1段階 筋骨格系 — 座る姿勢

指先を上手に使うためには、頭で考える力（第4段階）だけでなく、手元をよく見て（第3段階）、座り続けながら（第1段階）、指先を操作する（第2段階）ことが必要です。

POINT!

- **手首の力をやしなうと指先を上手に使える**
- **感覚を働かせて手を動かす**
- **手には握りとつまみの動きがある**

→ 「握り」は手のひら全体を使う動きで、「つまみ」は指先を使う動きです。この2つの動きを効率よくできるようにサポートしているのが手首です。3つの動きをよく見てあげましょう。

4 指先を使うのが苦手

指先の動きを大きく、「握り」「つまみ」に分けて観察すると、指先のどの動きが苦手なのかわかります。ここで「握り」「つまみ」が、どのような動きなのかイメージしやすいように、子どもたちの学校、家庭生活で、よく見られる例を、以下に紹介します。

[握りの例]

ペットボトルをもちます

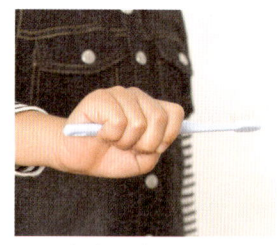

歯ブラシをもちます

歯磨き粉をもちます

蛇口をひねります

かばんをもちます

のりを使います

いす、机を運びます

道具ケース、筆箱をもちます

本をもちます

定規をもちます

鍵盤ハーモニカをもちます

なわとびをもちます

ボールをもちます

傘をもちます

鉄棒を握ります

第 1 章　基本の動作が苦手

[つまみの例]

鉛筆をとります

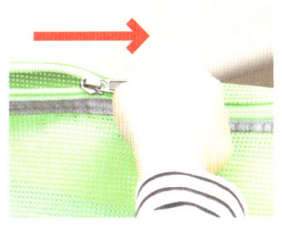

ファスナーを引きます

ファイルをもちます

プリントをもちます

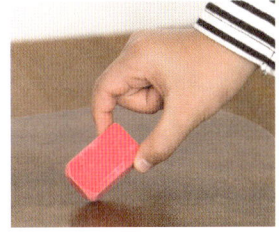

消しゴムをもちます

ページをめくります

コンパスをひねります

小銭、コインをとります

カードをもちます

小球をもちます

鍵をもちます

くつ下をはきます

ひもを結びます

ティッシュをとります

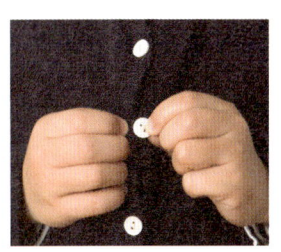

ボタンをかけます

4 指先を使うのが苦手

3 指導アラカルト

新聞紙丸め ★

握り、両手の操作をやしなう

新聞紙を両手で丸めます。できるだけ小さなボールになるように丸めます。持続的に力が出せているか見ていきましょう。

家でできる
新聞紙
チェックリスト
5 14 15 に有効

NG つぶれてしまい、球状になっていません

しっかり固まるまで新聞紙を丸め続けます

ボールつぶし ★★

握り・腕・体幹の力を身につける

押すと簡単に空気がぬけるボールを用意します。両手の手のひら全体を使って押しつぶします。しゃがみ込んで床に押しつけたり、起立して胸部で抱えて押しつぶしたりしてもよいです。握りだけでなく、腕、体幹も鍛えられます。

家でできる
ボール
チェックリスト
2 12 13 15
に有効

プチプチコルク ★

握りの力をやしなう

緩衝剤のプチプチとコルクを用意します。コルクを握り、底面でプチプチをつぶします。持続的に力を入れないとつぶれません。

家でできる
プチプチ コルク
チェックリスト
2 3 4 5
9 に有効

プチプチをコルクでつぶします

第1章 基本の動作が苦手

スタンプ押し ★

握りの力をやしなう

スタンプを使って紙に押していきます。握りになる部分のある、大きめのスタンプでおこないます。持続的な力の入れ方を学びます。

家でできる
スタンプ｜紙
チェックリスト
2 14 15 に有効

紙にスタンプを押します

ペットボトル振り ★

握り、手首、腕の力をやしなう

ペットボトルに1/3程度水を入れます。キャップ部を片手で握り、上下に振って中の水を混ぜるようにします。また水平に傾けて、両手で左右に水平に振るのもよいでしょう。

ペットボトルの首の部分を握ります

水の入ったペットボトルを上下に振ります

両手で左右に振ります

家でできる
ペットボトル
チェックリスト
2 12 13 14 15
に有効

NG 頭にペットボトルがつき、足も床から離れてしまっています

4　指先を使うのが苦手

フラフープ握り ★

手首・腕・見る力をやしなう

2人で向かい合って、フラフープを両手で握ります。左右10回ずつ動かして（回して）いきます。このとき、相手と同じ速さで回すように意識します。両手の協調性や相手の動きを見ることもやしなえます。

フラフープは両手で握って、左右10回ずつ動かします

体育館でできる
フラフープ
チェックリスト
14 15 に有効

テープ切り、貼り ★

つまみの操作力をやしなう

新聞紙を丸めたものにテープを貼り、ボールをつくります。小型のテープであれば、両手を使うことになるので、操作性を高めることになります。

家でできる
新聞紙　テープ
チェックリスト
4 7 8 9 10 11 に有効

小型のテープなら、両手を使います

シール貼り ★

つまみの操作力をやしなう

大きいサイズから、小さいサイズまで、様々なサイズのシールがあるので、シールをはがして、紙などに貼りつけていきます。シールをはがしたり、紙につけたりする動きは、つまみの学習になります。

家でできる
シール　紙
チェックリスト
3 6 7 8 9 10 11 に有効

小さいシールをはがして、紙に貼りつけます

第1章 基本の動作が苦手

折り紙 ★★

指先の操作力をやしなう

紙や色紙などを折ります。ジャバラに折るのもよいでしょう。つまむ動作をうながします。

家でできる
折り紙
チェックリスト
1 3 5 6 7
8 9 10 11 に有効

交互に折って、じゃばらを作ります

紙ひっぱり ★

親指・手首の力をやしなう

紙を親指と人さし指ではさみ込み、引っ張り合います。両手と片手でおこないます。

家でできる
紙
チェックリスト
2 12 13 に有効

両手でひっぱります　　片手でひっぱります

指先を使うのが苦手な子への サポートのコツ

手首を観察し、できない場合はサポート

握りの動き、つまみの動きともに、まず手首の動きが大事です。手首を観察し、できない場合にはサポートしてあげるのがポイントとなります。

5 見るのが苦手

学習のほとんどで見る動きが求められます。視力だけでなく、目を適切に動かせることが大事です。上手に見る学習をしましょう。

1 苦手チェックリスト

こんな子いませんか？

1. ノートのマスの中にきちんと書けない
2. ランドセル、筆箱、道具箱の整理整頓が上手にできない
3. 服が上手にたためない
4. はさみを使って線にそってきるのが上手にできない
5. 紙を折るときに折り目を合わせるのが上手にできない
6. 物や人などによくぶつかる
7. 文字をよく読みとばす
8. 行をよく読みとばす
9. 足し算などの数字の繰り上がりの位置をよく間違える
10. 定規や分度器の目盛りが上手に読めない
11. 上手にボールがとれない
12. とび箱で、踏み台に足を合わせるのが上手にできない
13. 相手の動きを見て真似ることが上手にできない
14. 音楽で、音符や五線譜を見るのが上手にできない
15. 正面ではなく斜め方向からものを見る

第1章　基本の動作が苦手

2　動きの解説

見る力を高めるためには、目から情報を取り込む・情報を解釈する・筋肉を使って動かすという3つの働きが大切です。

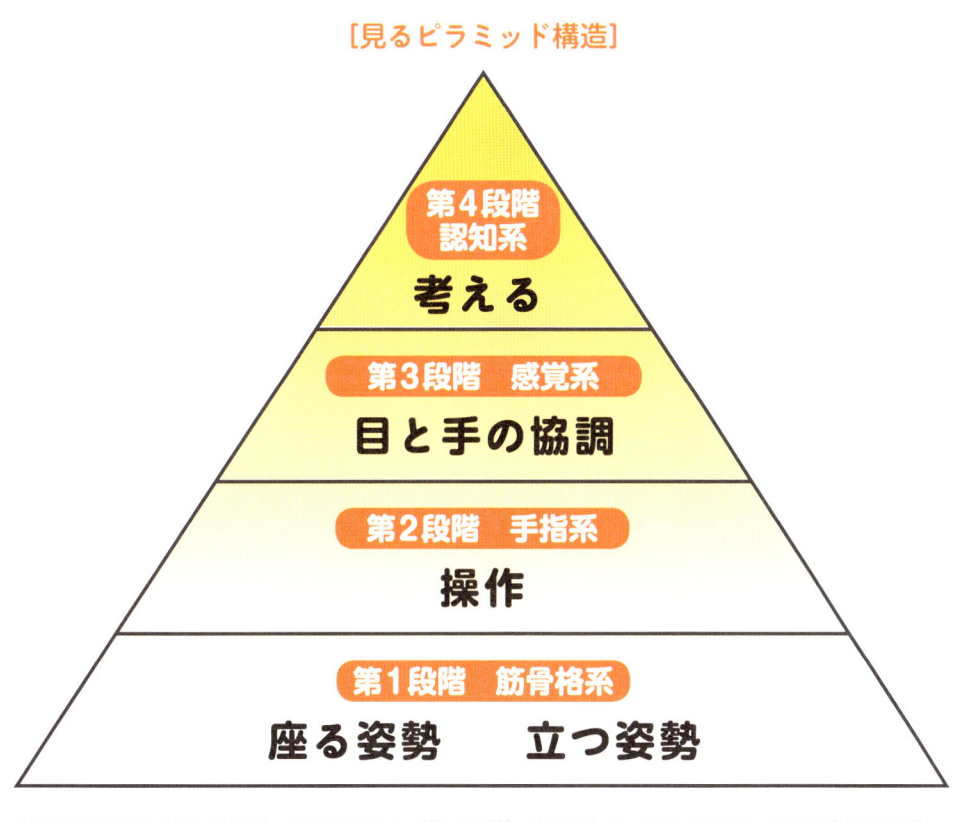

［見るピラミッド構造］

- 第4段階　認知系　考える
- 第3段階　感覚系　目と手の協調
- 第2段階　手指系　操作
- 第1段階　筋骨格系　座る姿勢　立つ姿勢

上手に見て操作するためには、頭で考える力（第4段階）だけでなく、両方の目でよく見て（第3段階）、座ったり立ったりを続けながら（第1段階）、両手を操作する（第2段階）ことが必要です。

POINT!

- ❶ **両眼を働かせて物をとらえる**
- ❷ **目と手の協調をやしなう**
- ❸ **座りや立つ姿勢の保持力が大事**

→ 私たちが動くとき、頭の位置は絶えず変化しています。そのため、うまくものを見るには体幹の安定が重要になってきます。骨盤が後傾していないか、猫背になっていないか確認しましょう。眼球の動きをやしなう運動も大切です。

5 ｜ 見るのが苦手

3 指導アラカルト

ボール股とおし ★

見る力をやしなう

転がってきたボールを、股の下にとおします。体の中心にボールがとおるようにうながします。（例：体中央スルー5点、左右ズレ3点、足にあたるー3点、まにあわないー4点、転ぶー5点などと点数を決め、30点になるまでおこないます）

体育館でできる
ボール
チェックリスト
6 15 に有効

ボールの軌道を推測し、構えます

体の中央にボールがとおるようにしましょう

NG ボールが足にあたっています

リングのぞき ★

見る力をやしなう

両手にリング（ガムテープの芯など）をもちます。両ひじは伸ばします。例えば時計を見るように指示し、リングの穴から時計を見るようにします。両目で見ているか確認しましょう。

家でできる
時計 リング
チェックリスト
1 6 7 8 9
10 12 に有効

両目で時計の針を読むようにします

NG 両ひじが曲がってしまっています

第1章 基本の動作が苦手

両手ぺったん ★

見る力、体幹のひねりをやしなう

床にあおむけに寝ます。左右の手を、体をひねりながら合わせます。合わせるときは、自分の手を見るようにします。

家でできる
チェックリスト
2 12 13 14 に有効

あおむけに寝かせて手を押さえててあげます

腕を反対側に回すとき、体もひねります

NG 体をひねるときに、ひざが曲がってしまっています

手を合わせるときに、体がひねれていません

そろえるときは自分の手を見ます

紙風船うちわ ★★

見る力・バランス感覚、手首の力をやしなう

紙風船とうちわを用意します。紙風船を落とさないように打ち上げます。ゴム風船よりも、手首の使い方の学習に効果的です。

家でできる
紙風船 うちわ
チェックリスト
9 10 12
に有効

うちわではさむのではなく、打ち上げて落とさないようにしましょう

5 見るのが苦手

ボール見回り ★★

見る力をやしなう

床にボールを置きます。両手を組み合わせて、三角形の穴をつくります。その穴からボールを見ながら、ボールの周りを回ります。

体育館でできる
ボール
チェックリスト
6 11 12 15
に有効

両手で三角形の穴をつくります。そこからボールを見ます

NG 手が顔に近すぎます

さいころ回し ★★

見る力・両手の協調性をやしなう

お椀に、さいころを1～2個入れます。数字を指定し、その数字がでるまでお椀を動かします。

家でできる
お椀 さいころ
チェックリスト
3 9 10 12
13 に有効

2個のときは、足した数字が指定した数字になるまで動かすとよいでしょう

第1章　基本の動作が苦手

洗面器回し ★★

見る力・両手の協調性をやしなう

洗面器と卓球ボール2個を用意します。洗面器の中にボールを入れて、洗面器から落ちないように転がします。

- 家でできる
- 洗面器
- 卓球ボール
- チェックリスト 1 3 6 12 に有効

洗面器から落ちないようにボールを見ます

あやとり ★★★

見る力・手首、手指の操作力をやしなう

あやとりで遊びながら、糸と糸の上下関係、手と糸の空間関係など目と手の協調性や空間認知をやしないます。また、つまみ、手首の使い方の学習にもなります。

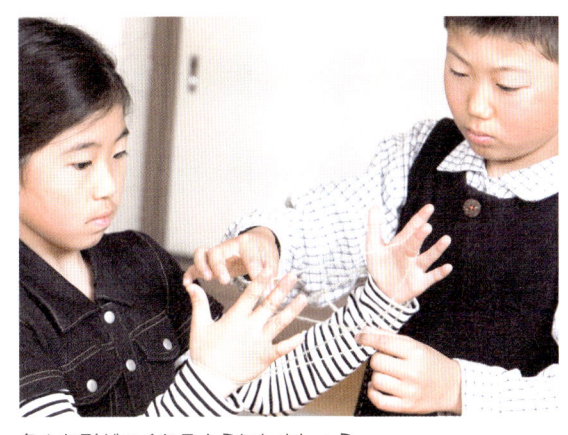

- 家でできる
- ひも
- チェックリスト 1 3 4 5 7 8 10 11 に有効

色々な形がつくれるようにしましょう

サポートのコツ（見るのが苦手な子への）

体を動かしながら見る指導を取り入れる

机に座って見る学習に加え、体を動かしながら見る学習も取り入れていくことがポイントとなります。

COLUMN 2 ほめるコツ

動きができたとき、できないときにかけるべき言葉を集めました。
場合によってどのような言葉をかけるとよいか、参考にしてください。

● 何ができたのか、具体的にほめる

> この前は、1回しかできなかったけど、今日は5回できたね

> ひざが曲がっていたけど、ひざが真っ直ぐに伸びるようにできたね

どういう動きが、どうできたのか、具体的に動きを教える。漠然とほめない。

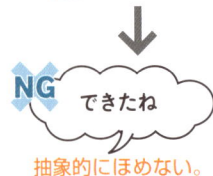

↓

NG > できたね

抽象的にほめない。

● 披露の機会をつくる

> いま、できたのを、お父さんに見せてあげたら、どう？

> 先生に教えてあげたらどう？

できたのを、他の人にも見せて、賞賛を得て、自信を倍増させていく。

● 子どもの動きを見て、できていないと思ったとき

> やれたね、じゃあ、こうするともっと上手にできるようになるわよ、もう1回やってみせて

まずおこなったことを認めてあげてから、もっとよくするためのアドバイスをする。

↓

NG > そうじゃなくて！

> ちがう！しょっ、もう1回っ！やって

ダメ出し、否定表現の羅列では、やる気がなくなってくる。

● 表情の代弁

> できて、うれしいね

> 顔がそういっているよ

笑顔、満足げな顔、できたという表情を見て、認めてあげる。

● 私もうれしいという気持ちを伝える

> お母さん、できて、とてもうれしかったよ

共感する、感情を伝える。

● 一緒に目標を設定する

> 今度は、●●回、(●●動きが)できるように、やってみない？

大人が決めるのではなく、提案をしたり、子どもの希望を聞いたりする。

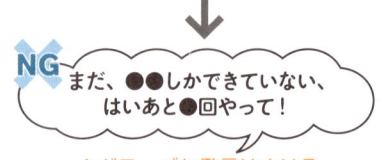

↓

NG > まだ、●●しかできていない、はいあと●回やって！

ネガティブな発言はさける。

● できたことを視覚的に示す

> カレンダーに、今日の日、できたので、ここにできたシール貼っておこうね

「できたシール」を貼るなど、結果を視覚的に示すと次へのはげみとなる。

第2章

手先の動きが苦手

CONTENTS

1. 鉛筆で書くのが苦手 ———————— P52
2. はさみで切るのが苦手 ——————— P58
3. 定規を使うのが苦手 ———————— P64
4. コンパスを使うのが苦手 —————— P70
5. 鍵盤ハーモニカを吹くのが苦手 ——— P76
6. リコーダーを吹くのが苦手 ————— P82
7. 箸で食べるのが苦手 ———————— P86

1 鉛筆で書くのが苦手

学習の場面では必ずといってよいほど、鉛筆を使います。正しくないもち方が身につくと疲れやすくなり、姿勢も崩れるなど悪影響が多岐にわたるので、正しいもち方を学びましょう。

1 苦手チェックリスト

こんな子いませんか？

1. 座っていると姿勢が崩れてくる
2. 鉛筆の先端（削り部分）をもって書いている
3. 親指を人さし指にあてて書いている
4. 人さし指に力が入り第一関節部が「＞」に反ってしまっている
5. 筆圧が強く、字が濃い
6. 筆圧が弱く、字が薄い
7. 書くスピードが遅い
8. 書くのが速くて字が雑である
9. 字の大きさや字と字の間隔が同じでない
10. ノートのマスから字がはみ出る
11. 手首を机から浮かせ、手首を下げた状態で書いている
12. 手首を折り曲げて書いている
13. 体を傾けて書いている
14. 足を前に伸ばして座って書いている
15. 背もたれに寄りかかって書いている

2 動きの解説

姿勢がまっすぐでないと文字の形が乱れます。筋骨格系の強化も必要なことがあります。

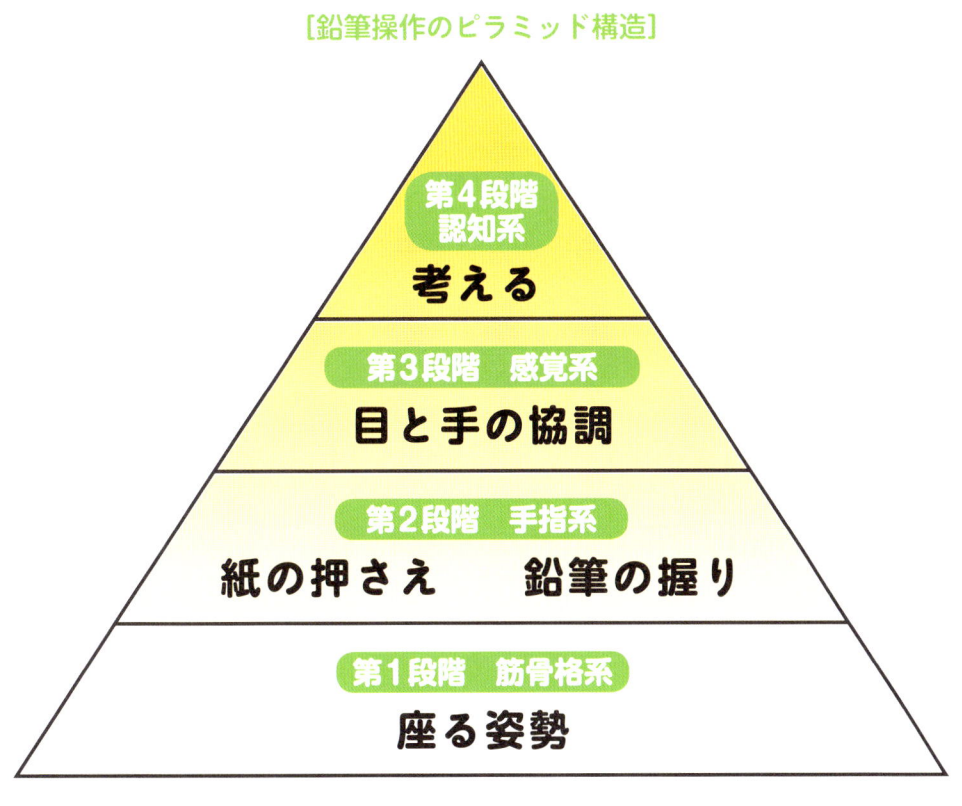

[鉛筆操作のピラミッド構造]

- 第4段階　認知系　考える
- 第3段階　感覚系　目と手の協調
- 第2段階　手指系　紙の押さえ　鉛筆の握り
- 第1段階　筋骨格系　座る姿勢

鉛筆で上手に書くためには、頭で考える（第4段階）だけでなく、ノートや教科書をよく見て（第3段階）、座り続けながら（第1段階）、鉛筆を操作する（第2段階）ことが必要です。

POINT!

- ❗ **腰が丸まらないように注意する**
- ❗ **足が浮かないように注意する**
- ❗ **先端もちしないように注意する**

→ 書くことと姿勢は大きく関係しています。骨盤が後傾しているときは、前傾させて、座面に腰を安定させる必要があります。さらに、足にも注目しましょう。また、鉛筆の正しいもち方を身につけることも重要です。

1 ▶ 鉛筆で書くのが苦手

3 指導アラカルト

姿勢チェック ★

正しい姿勢をうながす

書く前に座る姿勢が崩れていないか、いすの背もたれに寄りかかりすぎていたり、足を床から離してブラブラさせたりしていないか確認しましょう。

> 家でできる
> いす
> チェックリスト
> 1 5 6 7 8
> 12 13 14 15 に有効

先端もちへの指導 ★

正しいもち方・姿勢をうながす

目印をつけたり、輪ゴムをつけます。先端でもつクセを防げます。

> 家でできる
> 鉛筆 輪ゴム
> チェックリスト
> 1 2 8 13 に有効

円すい部の境界に輪ゴムを巻きつけておくと、先端部を指でもつのを防げます

鉛筆コロコロ体操 ★

親指の操作力をやしなう

鉛筆を親指と人さし指でつまみます。落とさないようにころころ転がします。親指の動きをやしないます。

> 家でできる
> 鉛筆
> チェックリスト
> 3 5 8 に有効

親指、人さし指ともに、指紋部にあてて、大きく動かしましょう

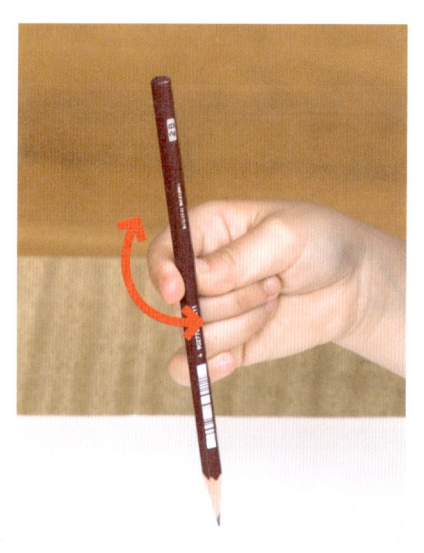

第 2 章　手先の動きが苦手

親指でっぱり対策 ★

正しいもち方をうながす

親指のでっぱりをやめると、必要以上の力で書くクセが直ります。

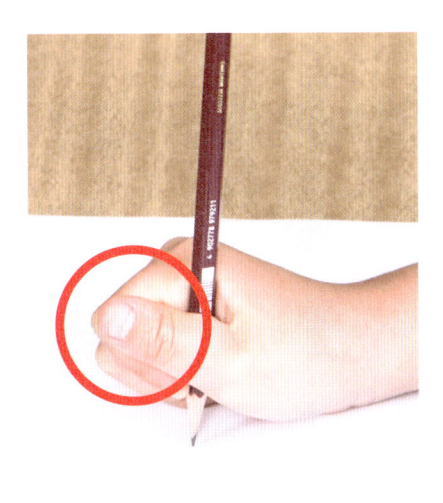

家でできる
鉛筆
チェックリスト
3 5 7 8
9 10 に有効

人さし指に親指があたっています

親指と人さし指の重なりがなくなりました

親指コロリン体操 ★★★

親指の操作力をやしなう

鉛筆をもち、親指の腹側で鉛筆に触れます。親指を曲げて鉛筆をころころ転がしていきます。親指のでっぱりを防止します。

家でできる
鉛筆
チェックリスト
3 7 8 9 10
に有効

親指の第一関節を動かして鉛筆を転がし、元に戻します

1 鉛筆で書くのが苦手

しゃくとり虫体操 ★★

親指の操作力をやしなう

しゃくとり虫のように、3本指を使って鉛筆の先端に近づけます。できたら逆に戻ります。親指のあて方を学びます。

家でできる
鉛筆
チェックリスト
1 2 3 4 7
8 9 10 に有効

鉛筆が移動できるように軽くもちます

親指、人さし指、中指を大きく動かしましょう

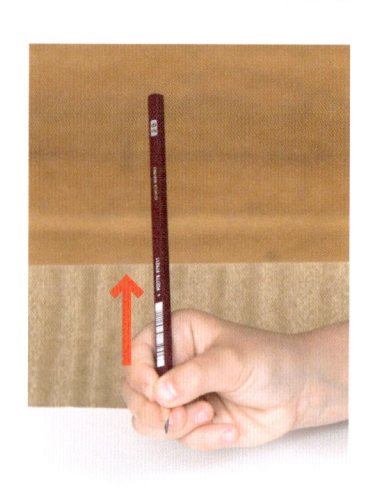

できたら上に戻ります

オー（O）リング ★

指先の操作力をやしなう

親指と人さし指で、O字リングをつくります。めがねに見立てのぞきこみます。だ円ではなく正円になるように、親指を外側に広げます。

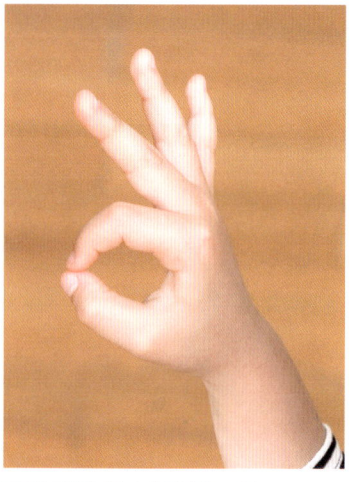

家でできる
チェックリスト
6 に有効

きれいな丸をつくりましょう

両手でさくらんぼの形をつくってみるのもよいでしょう

NG 丸がつぶれています

第2章　手先の動きが苦手

ひねる動き ★

指先の操作力をやしなう
お菓子の袋を捨てるまえに、ひねります。

家でできる
菓子の袋
チェックリスト
3 4 7 8 9 10
に有効

ビッグサークル ★

指先・体幹・腕の力をやしなう
大きな紙を用意し、大きな丸を描きます。指先だけでなく、体幹、腕の力をやしなう練習になります。子どものレベルに合わせて手首やひじをもって補助します。

家でできる
クレヨン　紙
チェックリスト
1 3 5 6 7
8 9 11 に有効

勉強机いっぱいの大きさの紙を用意するとよいでしょう

ブロッククレヨン ★

手首の力をやしなう
ブロッククレヨンを握り、手のひら全体を使ってなぐり描きをします。握りや手首の力をやしないます。

家でできる
ブロッククレヨン　紙
チェックリスト
1 3 6 7 8 11
に有効

絵は描かず、なぐり描きをすることで手の操作性が高まります

鉛筆で書くのが苦手な子への　サポートのコツ

足のセットと親指の動きに注目

手先だけでなく、足が床から離れ姿勢が崩れていないか確認しましょう。
指先は、親指が鉛筆についているかがポイントになります。

2 はさみで切るのが苦手

はさみの動作は「空中保持操作」です。指先の操作力だけでなく、手首や腕の力も重要です。段階を設けて運動し、はさみの操作を身につけていきましょう。

1 苦手チェックリスト

こんな子いませんか？

1. 座っていると姿勢が崩れてくる
2. はさみを使うとき、手首が垂れている
3. 連続して紙をはさみで切れない
4. 紙の切り目がギザギザになっている
5. 切るときのはさみを動かす方向が前後ではなく左右になる
6. 体の面に対して前後方向（まっすぐ）に切れない
7. まっすぐの線は切れるが、円や曲線は上手に切れない
8. はさみを操作するとき、薬指、小指も動いてしまう
9. 紙を切るスピードが遅い（みんなから遅れる）
10. 正確に切れない（線からずれる、きれいに切れない）
11. 紙をもつ手を、切るのに合わせて上手に動かせない
12. はさみのリングと指に隙間がある（はさみが大きすぎる）
13. 関係ない線まで切ってしまう
14. 紙をテーブルに置いて切ろうとする
15. はさみや紙を机からよく落とす

2 動きの解説

両手を使い、異なる2つの物品を操作するため、視覚が重要な役目を果たします。

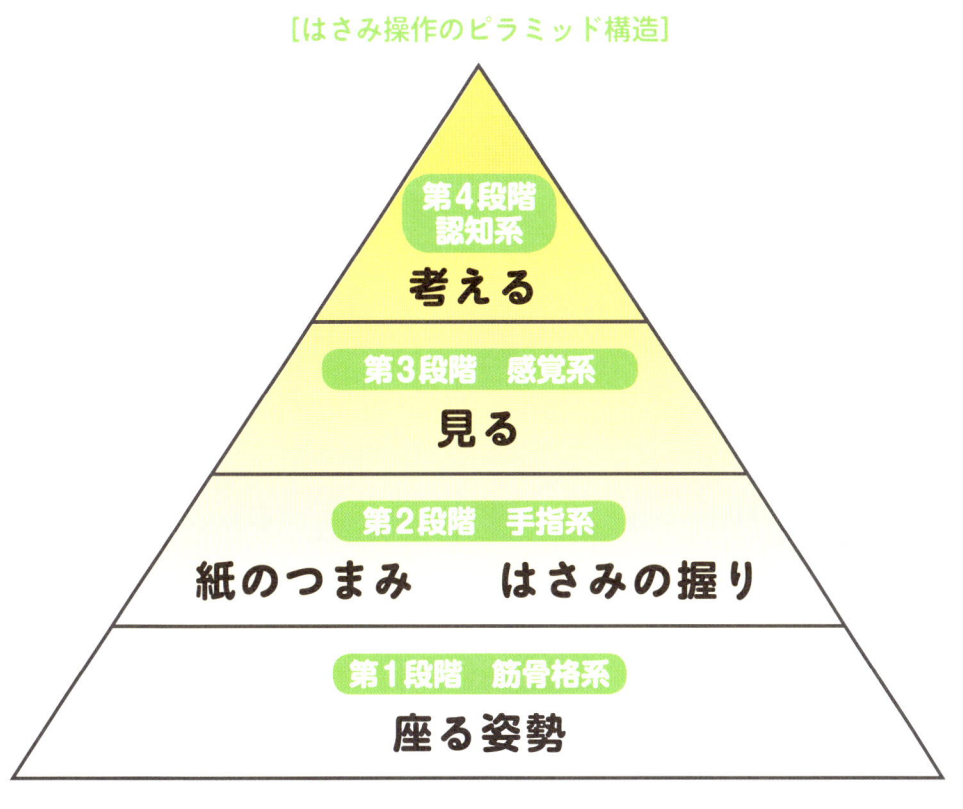

[はさみ操作のピラミッド構造]

- 第4段階　認知系：考える
- 第3段階　感覚系：見る
- 第2段階　手指系：紙のつまみ　はさみの握り
- 第1段階　筋骨格系：座る姿勢

はさみで上手に切るためには、頭で考える（第4段階）だけでなく、はさみや紙をよく見て（第3段階）、座り続けながら（第1段階）、はさみを操作する（第2段階）ことが必要です。

POINT!

- ❗ **手首を垂らさないように固定する**
- ❗ **指の分離的な動きを確認する**
- ❗ **腕の保持力を確認する**

→ 指の操作は、3本の指（親指、人さし指、中指）は動かし、他の2本の指は曲げるといった分離的な指の動きが求められます。紙やはさみをもつため、腕の保持力も重要です。体幹と頭部が安定すると、頭と目を上手に動かすことにつながります。

2 はさみで切るのが苦手

3 指導アラカルト

姿勢チェック ★

正しい姿勢をうながす

足を床につけ、背もたれに寄りかかったり猫背になったりしていたら、背筋をのばし姿勢を整えてから、はさみの操作に取りかかります。

> 家でできる
> いす
> チェックリスト
> 1 9 10 に有効

サポート方法 ★

正しいもち方をうながす

自分の腕の重さに負けてしまい、保持できない場合には、写真のように、ひじを机に乗せて、はさみは垂直にむけて、手首と指をサポートしながら、はさみの操作の練習を始めます。

> 家でできる
> はさみ 机
> チェックリスト
> 2 3 6 8 11
> に有効

子どもの手首、指をサポートします

ひじは机に乗せて操作します

ブロック遊び ★★

手の操作力をやしなう

指をそれぞれ動かす分離的な動きをうながすには、ブロック遊びをお勧めします。写真のように、大きめのブロックが適しています。

> 家でできる
> ブロック
> チェックリスト
> 3 5 6 8 11 14
> に有効

はさみのもち方も意識して組み立てます

第2章 手先の動きが苦手

ワンカット法 ★★

指先の操作力をやしなう

最初は連続で上手に切れないことが多いので、1回で切れるように紙のサイズを小さく（3センチ程度）します。1回で紙を切ることを積み重ねて、手首の固定や3本指の動かし方を学ばせます。子どもの上達に合わせて、紙のサイズを大きくして、2回、3回切りと段階づけていくと、連続切りができるようになっていきます。

1回で切れる大きさにします

家でできる
紙 はさみ
チェックリスト
2 3 4 8 9 11 に有効

輪ゴム鉄砲遊び ★★

手の力・見る力をやしなう

輪ゴムを指につけるときは、曲げる指と、伸ばす指に分かれるため、指の分離的な動きが必要になります。標的を決めてあてるゲームは、見る練習にもなります。

ゲーム形式で友だちと競うとよいでしょう

家でできる
輪ゴム
チェックリスト
5 6 7 8
10 15 に有効

あやとり ★★★

手首、指先の操作力をやしなう

両手を使い、ひもを操作するあやとり遊びは、指を伸ばす力、指の分離運動、手首の反らす力をやしないます。

多くの動きができるよう、色々な形をつくりましょう

家でできる
ひも
チェックリスト
2 7 8 10 11
13 14 に有効

2 はさみで切るのが苦手

3本指体操 ★★

指先の操作力をやしなう

3本指体操は、薬指と小指は曲げたまま、3本指（親指、人さし指、中指）をゆっくり同じスピードで曲げのばしする体操です。薬指と小指は動かないようにします。

家でできる
チェックリスト
5 6 7 8 15
に有効

薬指、小指はしっかり曲げておきます

トイレットペーパーの芯の活用 ★★

指先の操作力をやしなう

トイレットペーパーの芯をはさみで切ります。はさみを上方に向けて切る方法を学べます。芯がないときは、紙をまるめてセロテープでとめて、筒状にして切る方法もあります。

家でできる
トイレットペーパーの芯
はさみ　紙
セロテープ
チェックリスト
2 5 6 7
9 14 に有効

握りの練習にもなります

第2章　手先の動きが苦手

応用　手にフィットする工夫 ★

指先の操作力をやしなう

リングにティッシュを巻き、指との隙間をなくします。指にフィットするので安定感が増します。

家でできる
はさみ　ティッシュ
チェックリスト
8　9　10　12　14
に有効

リングが大きすぎて切れない場合ははさみを改良します

• before & after •

紹介した体操やサポート方法を取り入れていくと、手首の力が鍛えられ、はさみ本体が下方に下がっていた状態から上方に向いていきます。操作しやすくなり上手に切れるようになります。

before: 手首が垂れ、はさみもしっかり握れていません

after: 手首が起き、指の細かな動きもできるようになります

はさみで切るのが苦手な子へのサポートのコツ

手首と腕の保持力に注目

はさみの操作は空中での保持が必要となります。そのためリングにいれる指先を見る前に、手首、腕の保持力を見ることがポイントです。

3 定規を使うのが苦手

片手で定規を押さえ続け、もう片方の手を動かす協応した動きが重要です。上手に線が引けないときは、定規を使わないプログラムと合わせて学習しましょう。

1 苦手チェックリスト

こんな子いませんか？

1. 座っていると姿勢が崩れてくる
2. 線を引くのが遅い
3. 線の引き始めから定規がずれる
4. 線を引く途中で定規がずれる
5. 定規を押さえている手の力が弱い
6. 定規を線や点に合わせるのが上手にできない
7. 長い線を引くことが上手にできない
8. 竹製の定規だと上手に線が引けない
9. 縦線を引くことが上手にできない
10. 定規の目盛りを読むのが上手にできない
11. 竹製の定規の目盛を上手に読めない
12. 顔を定規に近づけて操作する
13. 定規を落としたり、片づけが上手にできない
14. 鉛筆をもっている手が定規とぶつかり、上手に引けない
15. 鉛筆をもっている手で芯が見えず、正確に線が引けない

2 動きの解説

片手で鉛筆を握って線を引き、もう片手は定規がずれないように押さえます。2つの手で「静」と「動」の操作を同時におこなうので、両手の協応動作が重要になります。

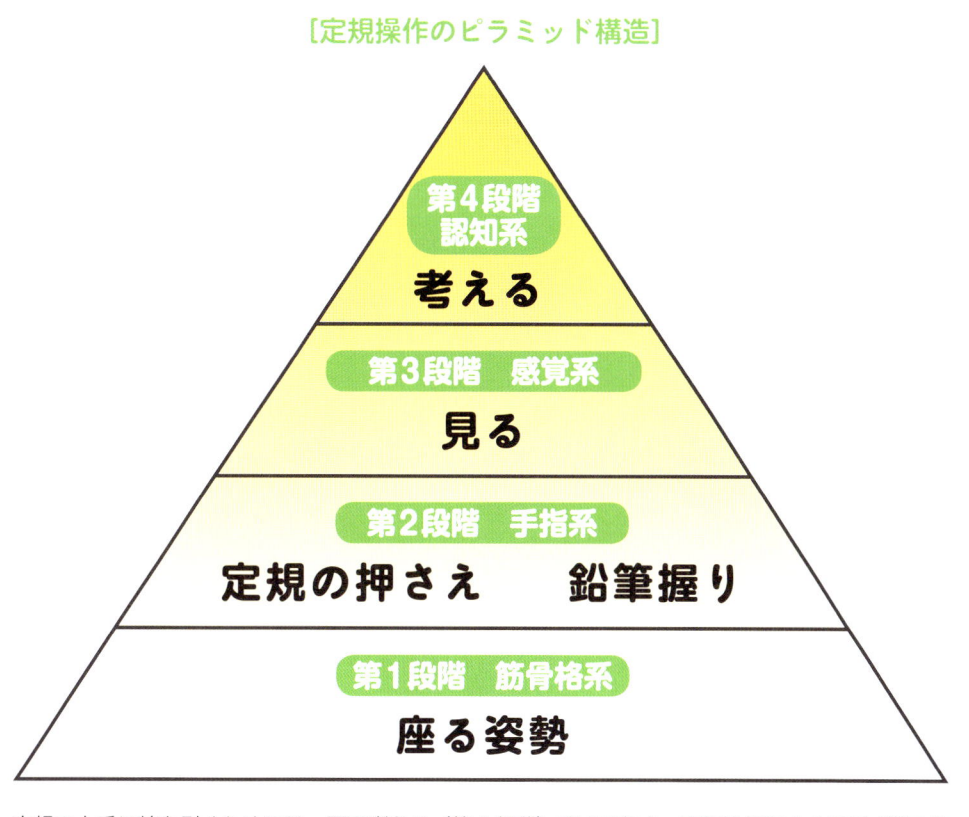

[定規操作のピラミッド構造]

- 第4段階 認知系：考える
- 第3段階 感覚系：見る
- 第2段階 手指系：定規の押さえ　鉛筆握り
- 第1段階 筋骨格系：座る姿勢

定規で上手に線を引くためには、頭で考える（第4段階）だけでなく、定規や紙をよく見て（第3段階）、座り続けながら（第1段階）、定規を操作する（第2段階）ことが必要です。

POINT!

- ❗ **正しい姿勢で座る**
- ❗ **定規を押さえるとき、親指の動きを確認する**
- ❗ **左右の手の静と動の協応動作を確認する**

→ 定規の操作中は、顔を近づけてしまい、腰が丸くなりがちです。骨盤前傾を維持しましょう。また、線を引くときは押さえる手を持続的に固定し、線を引く力加減を微調整していくことを意識しましょう。

3 ｜ 定規を使うのが苦手

3 指導アラカルト

姿勢チェック ★

正しい姿勢をうながす

定規で線を引く前に背もたれに寄りかかりすぎ、足が床から離れていないか確認しましょう。

> 家でできる
> いす
> チェックリスト
> 1 2 3 4 5
> 10 11 13 14 15
> に有効

親指L字 ★

指先の操作力をやしなう

定規に指をあてるとき、親指が人さし指とL字（直角）になるように外側に開きます。L字になるように定規を押さえることで、定規がずれなくなります（特に定規が長いタイプの場合）。

> 家でできる
> 定規　紙
> チェックリスト
> 3 4 5 7 9
> 14 15 に有効

縦に引くときの構え方です

横に引くときの構え方です

NG 指がL字に開けていないと、定規がずれてしまいます

第2章　手先の動きが苦手

折り紙 ★★★

指先の操作力をやしなう

折り紙で様々な形を折ります。指先への力の入れ方を学びます。

始めはじゃばら折りなどから挑戦します

折り鶴は難易度が高いので、段階を踏んで挑戦します

家でできる
折り紙
チェックリスト
3　4　6　8　9
14　15　に有効

将棋くずし ★★★

指先の操作力をやしなう

将棋のこまを音をたてて倒さないように滑らせます。指先への力の入れ方を学びます。

力の加減が重要です

家でできる
将棋こま
チェックリスト
4　5　6　7　9
に有効

67

3 定規を使うのが苦手

プチプチの活用 ★★

手首の力をやしなう

緩衝材のプチプチとコルクを用意します。指をしっかり伸ばしたまま、指先にコルクをあて、コルクを押しながら転がします。または、コルクをつまんだまま、滑らせながらつぶしていきます。

家でできる
プチプチ コルク
チェックリスト ③ ④ ⑤ ⑦ に有効

プチプチを押さえるほうの手の力もやしなえます

タオル拭き（洗髪後）★★

指先と腕の力をやしなう

洗髪後、指紋部を使って、タオルで頭を拭きます。指先の操作法、持続的な力の入れ方を学びます。

家でできる
タオル
チェックリスト ③ ④ ⑤ ⑬ に有効

持続的に力を入れられるようにしましょう

第2章　手先の動きが苦手

鉛筆の活用 ★★

指先の操作力をやしなう

鉛筆に指先をあてて、鉛筆が回転しないようにゆっくり滑らせます。指先の操作法、持続的な力の入れ方を学びます。

| 家でできる |
| 鉛筆 |
| チェックリスト 6 7 9 に有効 |

回転しないように力を加減しましょう

応用　自助具の作成（爪楊枝の活用） ★

指先の操作力をやしなう

竹製の定規はゼロが角になっているため、線がずれる、目盛りが読めない、鉛筆の芯を合わせられないといったことがよくおこり、手先の器用さと見る機能が求められます。定規の0ミリに鉛筆で合わせられない場合、爪楊枝で簡易定規を作成します。

| 家でできる |
| 定規　爪楊枝 |
| はさみ |
| チェックリスト 3 4 6 8 10 11 12 に有効 |

爪楊枝の一部をカットしてセロテープでつけます

定規と爪楊枝の角が0になるので、ずれません

サポートのコツ — 定規を使うのが苦手な子への

サポートで力加減を指導する

机に手を接しながら線を引く動きにはやさしい力が必要です。力加減がうまくいかないときは、手首をサポートすることがコツです。

4 コンパスを使うのが苦手

コンパスで円を描く動きは、軸をさす、つまむ、ひねると指先の複雑な動きが必要です。動きのポイントを押さえ、段階的に指導していくことが大切です。

1 苦手チェックリスト

こんな子いませんか？

1. 座っていると姿勢が崩れてくる
2. 操作中、コンパスの軸心がずれる
3. コンパスの先端部をつまんでひねるのが上手にできない
4. コンパスの先端部ではなく、本体の脚をもって動かす
5. コンパスを操作している腕が下がってくる（机につける）
6. 片手で紙を押さえる力が弱い
7. 円を描く途中で線がずれてくる
8. コンパスを操作するスピードが遅い
9. コンパスを落としたり、ケースの収納に時間がかかる
10. コンパスを操作している手首が、垂れて下がっている
11. 両方の手でコンパスをもって操作する
12. 顔を机に近づけてコンパスを操作する
13. コンパスの軸心を紙にしっかりとさせない
14. コンパスをひねるときに落としてしまう
15. コンパスを広げて、定規で目盛を測ることが上手にできない

第2章　手先の動きが苦手

2　動きの解説

コンパスは動かしながら図形を作成する動作なので、目と手の協調性も求められます。見るのが苦手（P44〜）も参考にしてください。

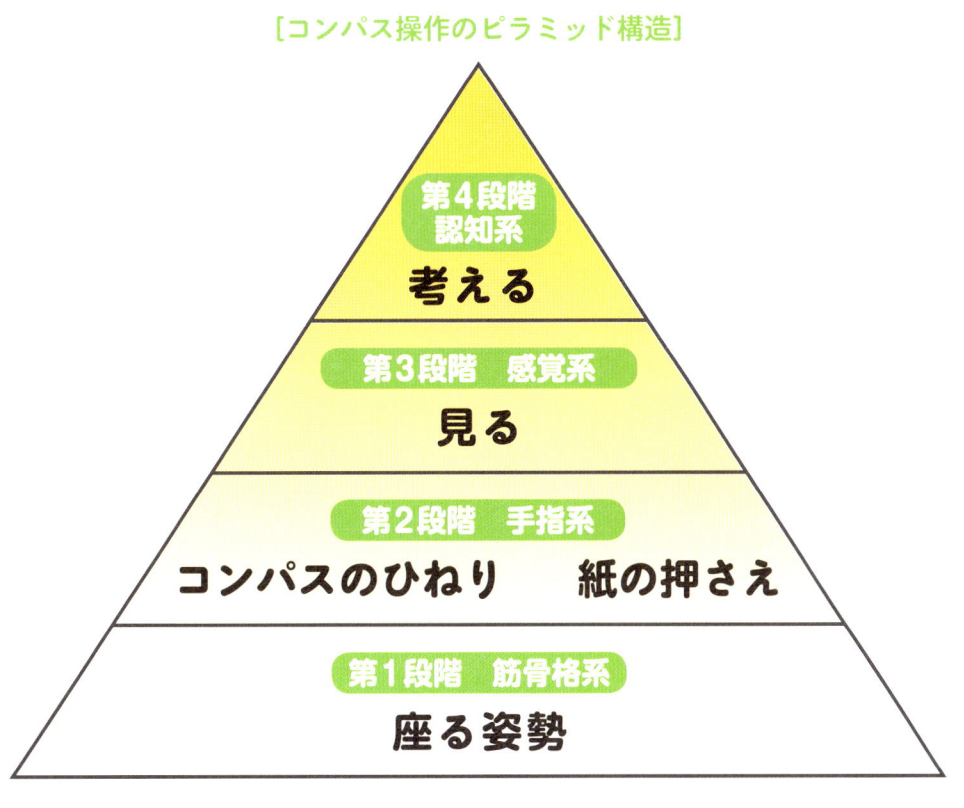

[コンパス操作のピラミッド構造]

- 第4段階　認知系　**考える**
- 第3段階　感覚系　**見る**
- 第2段階　手指系　**コンパスのひねり　紙の押さえ**
- 第1段階　筋骨格系　**座る姿勢**

コンパスで上手に描くためには、頭で考える（第4段階）だけでなく、コンパスや紙をよく見て（第3段階）、座り続けながら（第1段階）、コンパスを操作する（第2段階）ことが必要です。

POINT!

- ❶ 親指と人さし指を使って上手にひねる
- ❷ 腕を保持する力をやしなう
- ❸ 手首を反らして、垂れないようにする

→ 紙を片方の手で押さえて固定するため、両手を使う動作になります。それぞれの手の動きを意識しましょう。また、1回のひねりで円を描くことは難しいので、分けてひねることになります。力の加減を学びましょう。

4 コンパスを使うのが苦手

3 指導アラカルト

姿勢チェック ★

正しい姿勢をうながす

最初に、座る姿勢が崩れていないか確認しましょう。背もたれに寄りかかりすぎ、足が床から離れていないか、確認しましょう。

> **家でできる**
> **いす**
> チェックリスト
> 1 6 8 12 15 に有効

ひじのせ ★

腕の保持力が弱い場合

腕の重さに負けてコンパスを保持できない場合、ひじを机につけて操作する方法もあります。そのとき手首は前方に出して操作します。

> **家でできる**
> **コンパス**
> チェックリスト
> 2 5 7 8 に有効

先端さし ★

効率のよいさし方

腕の保持力が弱い子や見る力が弱い子の場合、ヘッドをもつのではなく、本体部をもつようにしてさします。ずれないようにしてから、ヘッド部をつまんで操作するように指導します。

> **家でできる**
> **コンパス** **紙**
> チェックリスト
> 2 7 13 に有効

本体の下のほうをもつとさしやすくなります

第2章　手先の動きが苦手

鉛筆まわし ★★

手の操作力をやしなう

コンパスで円を描くときには、軸脚を左右、前後に傾けます。その操作力をやしなうため、紙に鉛筆を垂直に立て、左右前後に傾けて軸心がずれないように数回周回させてみます。この力加減が重要です。手首は、手のひら側に折れないようにします。微調整の方法が学べます。

家でできる
鉛筆　紙
チェックリスト
2　3　4　7　10
11　14　に有効

左右に回しましょう

紙ちぎり ★

指先の操作力をやしなう

和紙、折り紙、新聞紙、チラシなどの紙をちぎります。つまみの練習になります。

家でできる
和紙　折り紙
新聞紙　チラシ
チェックリスト
3　7　8　9
10　11　14　15
に有効

ひねり ★

指先の操作力をやしなう

お菓子などの袋をひねります。ひねりの練習になります。

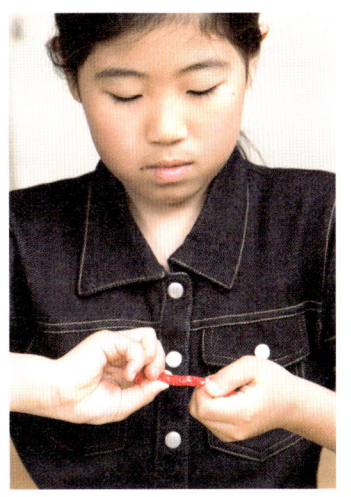

家でできる
お菓子の袋
チェックリスト
3　7　8　9
11　14　15
に有効

飴の包み紙など、日常にあるものを有効に使いましょう

73

4 コンパスを使うのが苦手

卓球ボールひねり ★

指先の操作力をやしなう

卓球ボールを3つ指でつまみながらひねります。指の操作を学びます。

家でできる
卓球ボール
チェックリスト
3 7 8 10
14 に有効

卓球ボールを落とさないように、親指、人さし指、中指で握ります

こま ★★

指先の操作力をやしなう

こまを使って遊びながら、ひねり方を学びます。

家でできる
こま
チェックリスト
3 7 8 9
10 14 に有効

どれだけ長い時間回せるか数えながらおこなうとよいでしょう

第2章　手先の動きが苦手

ぜんまい式のおもちゃ ★

指先の操作力をやしなう

ぜんまい式のおもちゃで遊びながら、ひねり方を学びます。

家でできる
ぜんまい式のおもちゃ
チェックリスト
3 7 8 9
10 14 に有効

ぜんまいのサイズが小さいおもちゃなら、より操作力を高められます

応用　ひねりやすくする工夫 ★★

指先の操作力を補う

市販のゴム手袋の指の部分をはさみでカットします。コンパスのヘッド部にティッシュを巻きつけます。その上に、カットしたゴムをかぶせます。ふくらみがあるのでひねりやすくなります。

家でできる
コンパス　ゴム手袋
ティッシュ　はさみ
紙
チェックリスト
3 7 14 に有効

人さし指の第二関節部あたりをはさみで切ります

ヘッド部にティッシュを巻きつけ、カットしたゴムをその上からかぶせます

まるみがあるので操作しやすくなります

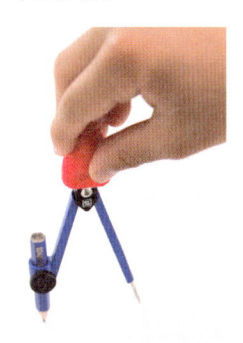

コンパスを使うのが苦手な子へのサポートのコツ

まずはしっかりさすことに注力

コンパスのひねりの操作の前に、軸心が動かないように、しっかりさすことが大切です。つまむ力、見る力が求められます。

5 鍵盤ハーモニカを吹くのが苦手

座って吹く、立って吹くに分けて、指導を組み立てていきます。指先だけでなく体全体の動きを学習しましょう。

1 苦手チェックリスト

こんな子いませんか？

1. 座っていると姿勢が崩れてくる
2. 立って吹くとき、体がふらつく（静止して立っていられない）
3. 鍵盤本体を握る力が弱い
4. 鍵盤本体をもつ腕が下がってくる
5. 鍵盤を押す指の力が弱い
6. 立って吹いていると腕が下がってくる
7. 鍵盤を操作するスピードが遅い（みんなから遅れる）
8. 正確に鍵盤が押せない
9. 口でくわえるのが上手にできない
10. 吹いていると、よだれがもれる
11. 空気を持続的にはけない（瞬間的に一気にだしてしまう）
12. 鍵盤や譜面を見るのが上手にできない
13. 立って吹くとき、上体が後ろに反り返っている
14. 鍵盤に顔を近づけて吹いている
15. 鍵盤ハーモニカの片付けに時間がかかる

第 2 章　手先の動きが苦手

2 動きの解説

鍵盤ハーモニカは、バランス感覚、視覚、聴覚、触覚、固有覚（筋肉の力や力加減をキャッチする感覚）などの様々な感覚を使いながら、首、背中、指などの筋肉を使います。

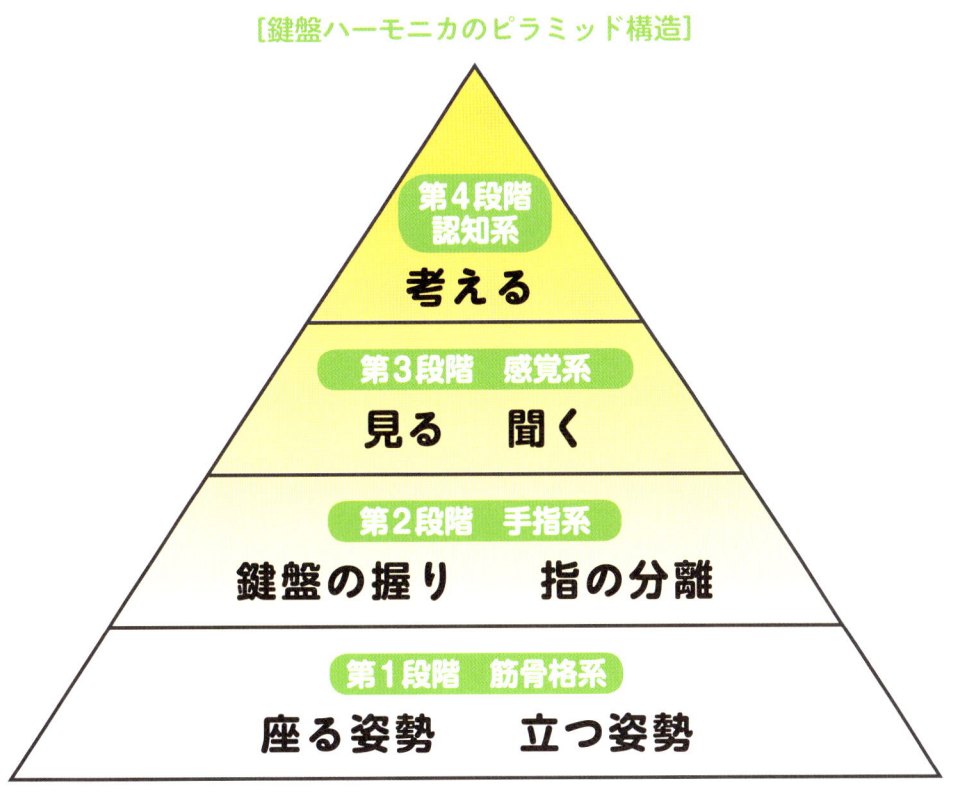

[鍵盤ハーモニカのピラミッド構造]

```
           第4段階
           認知系
           考える

        第3段階　感覚系
        見る　　聞く

      第2段階　手指系
    鍵盤の握り　　指の分離

    第1段階　筋骨格系
   座る姿勢　　立つ姿勢
```

鍵盤ハーモニカを上手に吹くためには、頭で考える（第4段階）だけでなく、鍵盤をよく見て（第3段階）、座り続けながら（第1段階）、鍵盤ハーモニカを操作する（第2段階）ことが必要です。

POINT!

- ❗ **正しい姿勢で鍵盤ハーモニカをもつ**
- ❗ **鍵盤を弾くとき、手首の返しが重要**
- ❗ **腕の保持力をやしなう**

→ 猫背で姿勢が悪いと、頭を動かす、目を動かす力が十分に発揮されません。正しい姿勢から始めましょう。また、手は、鍵盤を保持する手と、鍵盤を弾く手に分かれます。どういった動きをするか学びましょう。

3 指導アラカルト

姿勢チェック ★

正しい姿勢をうながす

吹く前に座りが崩れていないか、背もたれに寄りかかりすぎ、足が床から離れていないか、確認しましょう。

> 家でできる
> 鍵盤ハーモニカ
> チェックリスト
> 1 7 8 14 に有効

背もたれに寄りかかりすぎずに座ります

指合わせ体操 ★

1つ1つの指をしっかり動かすことをうながす

同じ手の親指と各指の指紋部を合わせていきます。親指と人さし指、親指と中指、親指と薬指、親指と小指の順番です。逆もおこないます。

> 家でできる
> チェックリスト
> 5 8 に有効

立って吹く場合 ★

正しい姿勢をうながす

両腕の脇を広げて吹くと保持力が低下し疲れてきます。本体をもっている手首を反らし、脇を締めて吹くように構えるともつ力が持続します。また、一見正しく立っているように見えても、背筋を後ろにそらして立っているときがあります。この体勢だと、長くもてません。

> 家でできる
> 鍵盤ハーモニカ
> チェックリスト
> 2 4 7 8
> に有効

NG 後ろにそってしまっています

背筋を伸ばし、脇を締めて立ちましょう

片手お盆運び ★★★

腕の保持力、手首の力をうながす

お盆に物を乗せて、片手で運びます。立って鍵盤をもつときの力につながります。

> 家でできる
> お盆
> チェックリスト
> 2 3 4 6
> 13 15 に有効

シールボード ★★

指で押す力と見る力をやしなう

白紙に赤、青のシールを貼ります。それぞれ、2センチ程度の間隔にします。この紙を使い、大人が、「赤」と言ったら、子どもは赤を指紋部で押します。このように、大人が色の名前を読みあげて、子どもが正しく、速く押せるようにうながしていくと、見る力、指の力がやしなえます。

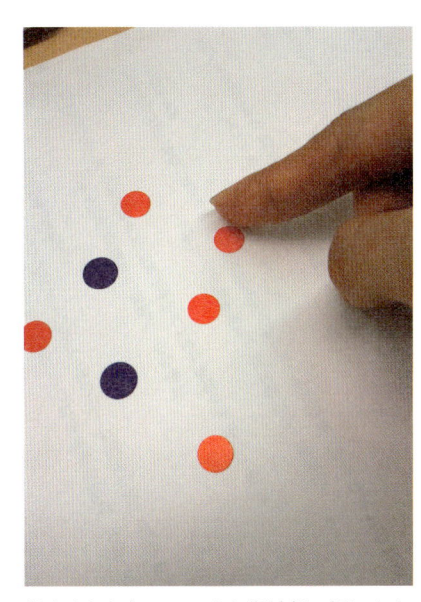

> 家でできる
> 色つきシール
> 白色の紙
> チェックリスト
> 5 8 12 15
> に有効

指定された色のシールを指紋部で押します

5　鍵盤ハーモニカを吹くのが苦手

シールの活用　★

目と手の協調をやしなう

鍵盤に色つきのシールを貼ると、位置がわかり、見やすくなります。

家でできる／鍵盤ハーモニカ／色つきシール
チェックリスト 7 8 12 に有効

色は音階によって分けると覚えやすくなります

付箋の活用　★

目と手の協調をやしなう

シールが見えにくい場合などは、長さの異なる付箋を貼ると見やすくなります。

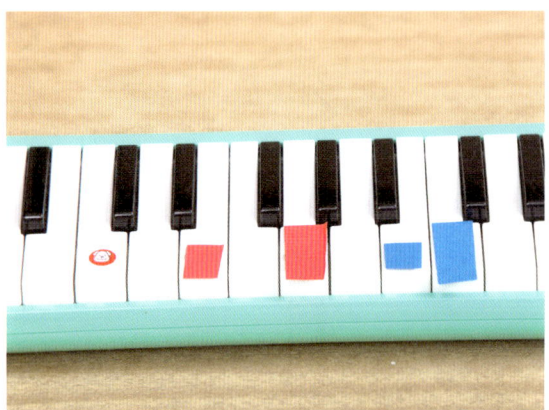

家でできる／鍵盤ハーモニカ／付箋
チェックリスト 7 8 12 に有効

長すぎて弾くのを妨げないように長さを調節しましょう

第2章　手先の動きが苦手

ティッシュ吹き ★

持続的に息を出すことをうながす

ティッシュを両手にもって、前方に保持します。そして、息をティッシュに吹きかけます。一気に吹かないように、ゆっくり静かに出すようにうながしていきます。

家でできる
ティッシュ
チェックリスト
9 10 11 に有効

応用　ペットボトルの活用 ★★★

手首と腕の力をやしなう

ペットボトルを振ることで、手首と腕の保持力が鍛えられます。

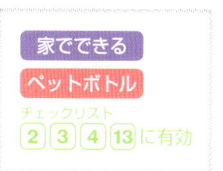

家でできる
ペットボトル
チェックリスト
2 3 4 13 に有効

水を入れて重さが増したペットボトルにするとより力がやしなえます

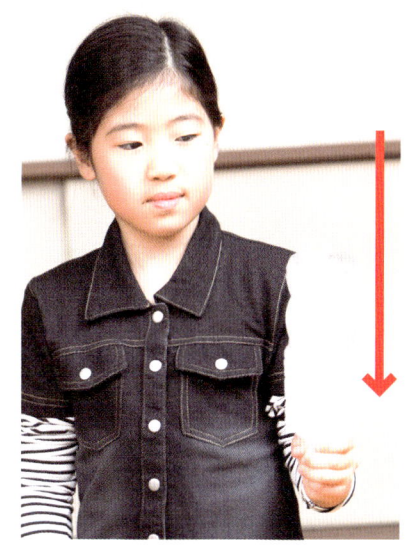

サポートのコツ　鍵盤ハーモニカを吹くのが苦手な子への

できない動作に優先順位をつける

鍵盤ハーモニカが苦手な子は、指先、口腔、視覚、バランスなど複数の問題を抱えていることが多いものです。優先順位をきめて、1つ1つ指導していきましょう。

6 リコーダーを吹くのが苦手

リコーダーは左右の指先で操作する力、口で吹く力が必要な楽器です。吹けるようになるにはどういう体の仕組みがあるのか学習しましょう。

1 苦手チェックリスト

こんな子いませんか？

1. 座っていると姿勢が崩れてくる
2. 立って吹くとき、静止していられない
3. 親指で穴をふさぐのが上手にできない
4. 立って吹いていると腕が下がってくる
5. 親指以外の指で穴をふさぐのが上手にできない
6. 吹くスピードが遅い（みんなから遅れる）
7. リコーダーを噛んでくわえる
8. 吹くと、よだれがもれる
9. 持続的に息がはけない（瞬間的にだしてしまう）
10. 譜面や指を見るのが上手にできない
11. リコーダーを歯にあててくわえるので上手に吹けない
12. 立って吹くとき、上体を反らしている
13. リコーダーを落としたり、操作に時間がかかったりする
14. リコーダーの出し入れに時間がかかる
15. 両手で操作することが上手にできない

第2章　手先の動きが苦手

2 動きの解説

リコーダーを吹くときは、バランス感覚、視覚、聴覚、触覚、固有覚などの様々な感覚を使いながら、指などの筋肉を使います。

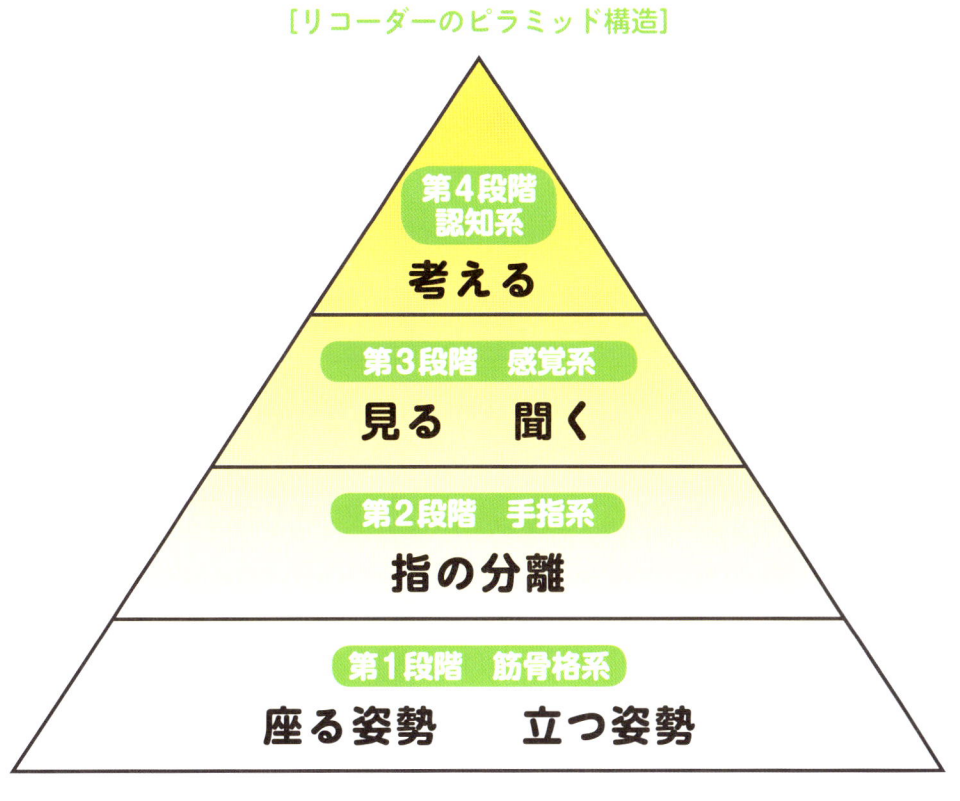

[リコーダーのピラミッド構造]

- 第4段階　認知系　考える
- 第3段階　感覚系　見る　聞く
- 第2段階　手指系　指の分離
- 第1段階　筋骨格系　座る姿勢　立つ姿勢

リコーダーで上手に吹くためには、頭で考える（第4段階）だけでなく、リコーダーをよく見て、音を聞いて（第3段階）、座り続けながら（第1段階）、リコーダーを操作する（第2段階）ことが必要です。

POINT!

- ❗ よい姿勢で、リコーダーをもち続ける
- ❗ それぞれの指の動きを意識する
- ❗ 見る力をやしない、譜面を読む

　→ 吹いているときはリコーダーを口にくわえ、両手でリコーダーを保持します。そのため腕の保持力が必要です。また、指で穴をふさぐときは、穴の部位を触覚で感知し、指の力加減は固有覚を働かせます。指の個々の動きを意識しましょう。

6 リコーダーを吹くのが苦手

3 指導アラカルト

姿勢チェック ★

正しい姿勢をうながす

吹く前に、座る姿勢が崩れていないか確認しましょう。背もたれに寄りかかりすぎ、足が床から離れていないか、確認しましょう。

家でできる
リコーダー
チェックリスト
1 3 5 6
13 に有効

プチプチつぶし ★

親指の操作力をやしなう

素手でおこないます。指紋部を使って緩衝材のプチプチをつぶします。親指も使うようにうながします。穴ふさぎにつながります。穴ふさぎは親指もできることがポイントです。

親指を使ってつぶせています

NG 人さし指のみでは親指の操作力をやしなえません

家でできる
プチプチ
チェックリスト
3 15 に有効

ペットボトル振り ★★

腕の力をやしなう

ペットボトルに水を半分くらい入れて、立って力一杯振ります。腕の保持力を鍛えます。

家でできる
ペットボトル
チェックリスト
2 4 12 13
14 15 に有効

上下に大きく振りましょう

登り棒、ジャングルジム、肋木の活用 ★★

腕の力をやしなう

登り棒、ジャングルジムや肋木に登ります。手首の力や腕の保持力を鍛えます。

体育でできる
登り棒 肋木
ジャングルジム
チェックリスト
2 4 12 13
14 15 に有効

第2章 手先の動きが苦手

よだれへの対応 ★

注意力をうながす

リコーダーからよだれが漏れてくる場合は、リコーダーの中にガーゼを入れて漏れないように工夫する方法があります。また、リストバンドをして、よだれを拭いても構いません。

口の周りの筋肉が使えず、くわえてしまっています

リストバンドでよだれを拭きます

家でできる
リコーダー
リストバンド
ガーゼ
チェックリスト
7 8 11
に有効

吹くおもちゃの活用 ★

持続的に吹く力をやしなう

紙風船、シャボン玉等を活用して、口を突き出す吹き方が学習できます。

家でできる
紙風船
シャボン玉
チェックリスト
7 8 11
に有効

大きく息を吸い込み、吹けるようにうながしましょう

応用 呼吸体操 ★★

口周りの筋力をやしなう

歯を閉じたまま唇を開き「ツ・ツ・ツ・ツ」や「ツー」といいながら持続的に、ゆっくりと息をはく練習をします。

家でできる
チェックリスト
9 に有効

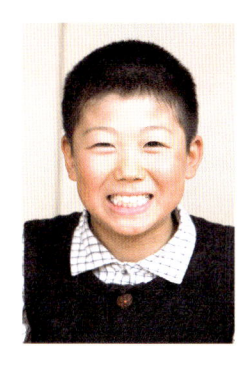

口を大きく動かし、発音しましょう。唇を突き出したり、口の形を変えながらおこなうと口の周りの筋肉を使う練習になります

リコーダーを吹くのが苦手な子へのサポートのコツ

動きを分解して、1つずつ練習を

リコーダーは指を別々に動かし、口も動かします。さらに目も耳も使います。多機能を同時進行させる運動は、スモールステップに分けて指導しましょう。

7 箸で食べるのが苦手

箸を正しく操作できないと食べるのに時間がかかり、楽しい時間となりません。ともすれば苦痛にすらなるかもしれません。どこから指導していけばよいのか、学習していきましょう。

1 苦手チェックリスト

こんな子いませんか？

1. 座っていると姿勢が崩れてくる
2. 握り箸になる
3. 箸が交差する（クロス箸）
4. 人さし指を使っていない
5. テーブルに顔を近づけて食べる
6. 食器をもつのが上手にできない
7. 箸でさく操作（魚の身、目玉焼きなど）が上手にできない
8. 箸を操作するスピードが遅い
9. 箸を操作するスピードが速すぎ、雑である
10. 箸から食べ物を落としたり、こぼしたりする
11. 麺類をすくうのが上手にできない
12. ごはんをすくうのが上手にできない
13. 箸を使うのをやめて手づかみになる
14. 食べ方が雑で、箸を落とす
15. 補助具の箸を使っても上手にできない

第2章 手先の動きが苦手

2 動きの解説

力加減がもち方に大きく関係してきます。感覚系を特に意識しましょう。

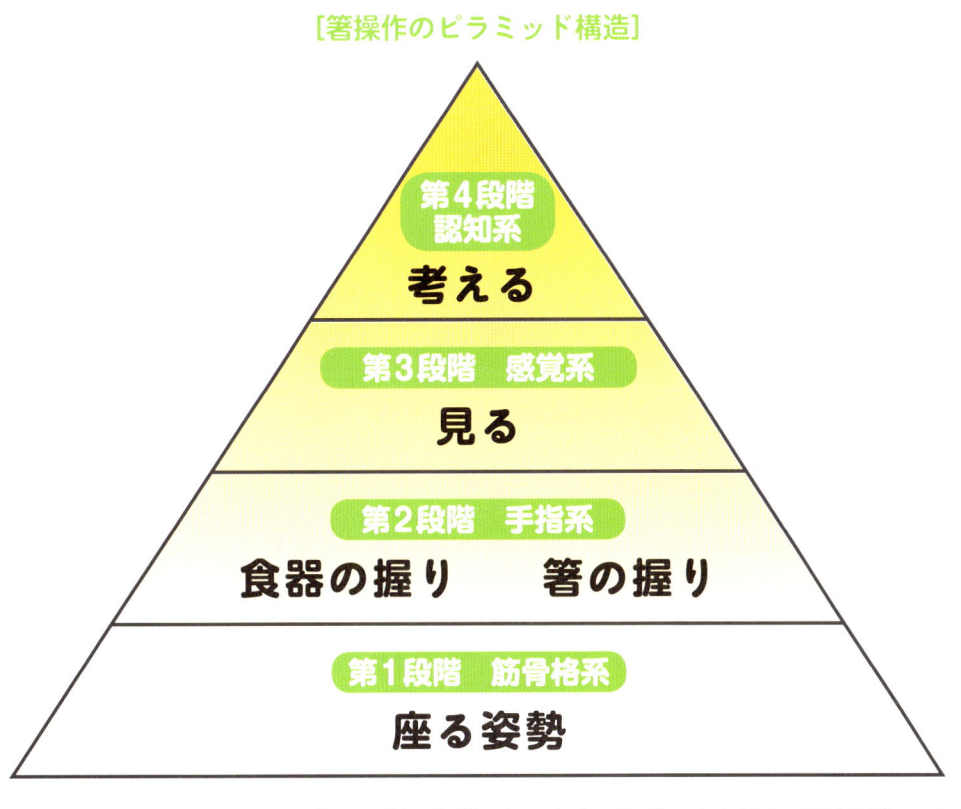

[箸操作のピラミッド構造]

- 第4段階 認知系　考える
- 第3段階 感覚系　見る
- 第2段階 手指系　食器の握り　箸の握り
- 第1段階 筋骨格系　座る姿勢

箸で上手に食べるためには、頭で考える（第4段階）だけでなく、食べものをよく見て（第3段階）、座り続けながら（第1段階）、箸を操作する（第2段階）ことが必要です。

POINT!

- **お椀をもつ手の腕の保持力を確認する**
- **箸の片方を固定した操作を身につける**
- **親指の操作を確認する**

→ お椀をもつときは、箸で食べ物がつまみやすいように傾けるなど腕の力が必要です。また、箸は2本同時に動かさず、親指と人さし指の間ではさむ1本は固定し、もう1本の箸のみ動かして、つまんで操作することを意識しましょう。

3 指導アラカルト

姿勢チェック ★

正しい姿勢をうながす

指の操作を見る前に座る姿勢が崩れていないか、いすの背もたれに寄りかかりすぎたり、足を床から離してブラブラさせたりしていないか確認しましょう。

家でできる
いす
チェックリスト
1 5 に有効

箸の先端固定法 ★

正しいもち方をうながす

箸の先端部をスポンジなどで固定すると、箸は、平行となります。そこに、子どもの手をもっていき箸をもたせます。指の位置、もち方、指のあて方を子どもに確認させます。

家でできる
箸 スポンジ
チェックリスト
2 3 4 15 に有効

箸は平行にセットします

子どものもち方を確認しましょう

第2章　手先の動きが苦手

一本箸 ★

腕の力をやしなう

割り箸などの細い棒を1本用意します。親指、人さし指、中指の3本指でしっかりもちます。親指が棒にあたっていることを確認します。粘土などの柔らかい物に棒を押し込んで、たくさん穴をあけて遊びます。

> **家でできる**
> 箸　粘土
> チェックリスト
> 4　8　9　15
> に有効

つまみの練習 ★★

正しいもち方をうながす

食材をつまむ練習に入る前に、アルミホイル、スポンジなどを使って、つまむ練習をします。箸のもち方が理解できたら、実際の食事の場面で試します。

> **家でできる**
> 箸　スポンジ
> アルミホイル
> チェックリスト
> 7　8　9　13　15
> に有効

食べ物の大きさに合わせたスポンジを使いましょう

ピンセット操作 ★★

指先の操作力をやしなう

親指と人さし指を使って箸を操作できないときは、ピンセットを用意します。ピンセットを親指と人さし指でもち、お椀に入れたサイコロなどをつまみます。つまんだサイコロは別のお椀に移します。親指の指紋部にピンセットをあてる操作を学べます。親指と人さし指でピンセットをつまんでいるかみてあげましょう。片手でお椀をもつと、お椀の保持の練習にもつながります。

> **家でできる**
> ピンセット
> サイコロ　お椀
> チェックリスト
> 2　4　6　に有効

89

7 箸で食べるのが苦手

1本箸体操 ★★

指先の操作力をやしなう

箸を1本用意します。割り箸でも構いません。親指、人さし指、中指の3本指でしっかりもちます。親指が棒にあたっていることを確認します。手首やひじを動かさず、3本指の関節を動かして「1」を書くように上下に動かします。

> 家でできる
> 割り箸
> チェックリスト
> 4 8 9 15
> に有効

微調整力の練習 ★

手の操作力をやしなう

机にアルミホイルを敷きます。箸をもち、箸の先端でアルミホイルをトントンつつきます。このときアルミホイルが破けないようにすると操作の力の加減を学習できます。

> 家でできる
> 箸
> アルミホイル
> チェックリスト
> 10 11 12 14
> 15 に有効

アルミホイルが破けないように指導しましょう

第2章 手先の動きが苦手

応用　お椀の傾け方 ★★

手首の力をやしなう

小球をお椀に入れて、前後、左右に傾け、小球が落ちないように練習します。手首の使い方、力加減を学びます。

家でできる
お椀　小球
チェックリスト
5　6　11　12
15 に有効

できる段階に合わせて小球の数を調節しましょう

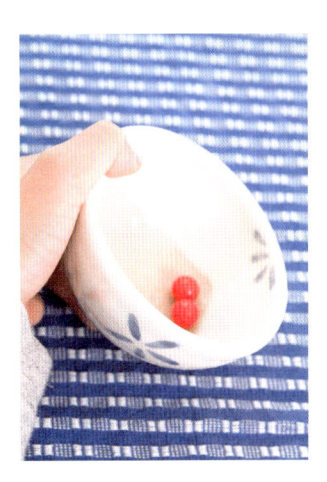

サポートのコツ（箸で食べるのが苦手な子への）

箸は1本だけ動かすことを意識

箸の操作で動かすのは1本だけです。この操作の仕方から身につけていきましょう。食器をもつほうの手の操作も合わせて、指導していくことが大切です。

COLUMN 3 教科別苦手項目リスト

教科によって苦手とする動きはちがってきます。
苦手な動きが多い教科のものから指導するとよいでしょう。

教科名	項目名
体育	●立つのが苦手（P24～）　●バランスを保つのが苦手（P30～） ●指先を使うのが苦手（P36～）　●見るのが苦手（P44～） ●走るのが苦手（P94～）　●マット運動（前転）が苦手（P100～） ●なわとびが苦手（P104～）　●鉄棒（逆上がり）が苦手（P110～） ●ボールをとるのが苦手（P114～）　●ボールを投げるのが苦手（P120～） ●水泳（クロール）が苦手（P126～）　●とび箱が苦手（P132～） ●サッカー（ボールキック）が苦手（P136～）
図工	●座るのが苦手（P16～）　●バランスを保つのが苦手（P30～） ●指先を使うのが苦手（P36～）　●見るのが苦手（P44～） ●鉛筆で書くのが苦手（P52～）　●はさみで切るのが苦手（P58～） ●定規を使うのが苦手（P64～）　●コンパスを使うのが苦手（P70～）
算数	●座るのが苦手（P16～）　●バランスを保つのが苦手（P30～） ●指先を使うのが苦手（P36～）　●見るのが苦手（P44～） ●鉛筆で書くのが苦手（P52～）　●はさみで切るのが苦手（P58～） ●定規を使うのが苦手（P64～）　●コンパスを使うのが苦手（P70～）
音楽	●座るのが苦手（P16～）　●バランスを保つのが苦手（P30～） ●立つのが苦手（P24～）　●指先を使うのが苦手（P36～） ●見るのが苦手（P44～）　●鍵盤ハーモニカを吹くのが苦手（P76～） ●リコーダーを吹くのが苦手（P82～）
給食	●座るのが苦手（P16～）　●バランスを保つのが苦手（P30～） ●指先を使うのが苦手（P36～）　●見るのが苦手（P44～） ●箸で食べるのが苦手（P86～）

第3章

運動が苦手

CONTENTS

1. 走るのが苦手 —— P94
2. マット運動（前転）が苦手 —— P100
3. なわとびが苦手 —— P104
4. 鉄棒（逆上がり）が苦手 —— P110
5. ボールをとるのが苦手 —— P114
6. ボールを投げるのが苦手 —— P120
7. 水泳（クロール）が苦手 —— P126
8. とび箱が苦手 —— P132
9. サッカー（ボールキック）が苦手 —— P136

1 走るのが苦手

運動の基本形ともいわれる「走り」。あらゆる運動にかかわってきます。上手に走るための体の動きを身につけましょう。

1 苦手チェックリスト

こんな子いませんか？

1. 走っているとき、体のひねりが見られない
2. 走っているとき、腕の振りが足りない
3. 走るのが遅い
4. 走っているとき、前傾姿勢になっていない
5. 走っているとき、足を外側に振り出している
6. 走っているとき、ひざが上がらない
7. 走っているとき、足の裏全体に体重をかけている（いわゆるドンドン走り）
8. 走っているとき、腕が曲がっていない
9. 走っているとき、よく転ぶ
10. 走っているとき、よくくつがぬげる
11. 走っているとき、顔が斜めに傾いている
12. スタートダッシュのけりが弱い
13. まっすぐ走れない
14. カーブを走るのが上手にできない
15. リレーでバトンがとれない

2 動きの解説

バランスを取って片足で立ち、足首を使ってけり上げるのが、走りの基本の動きです。そこに、腕を交互にふる動きが加わると、推進力が生まれます。進行方向をまっすぐに見つめることも必要です。

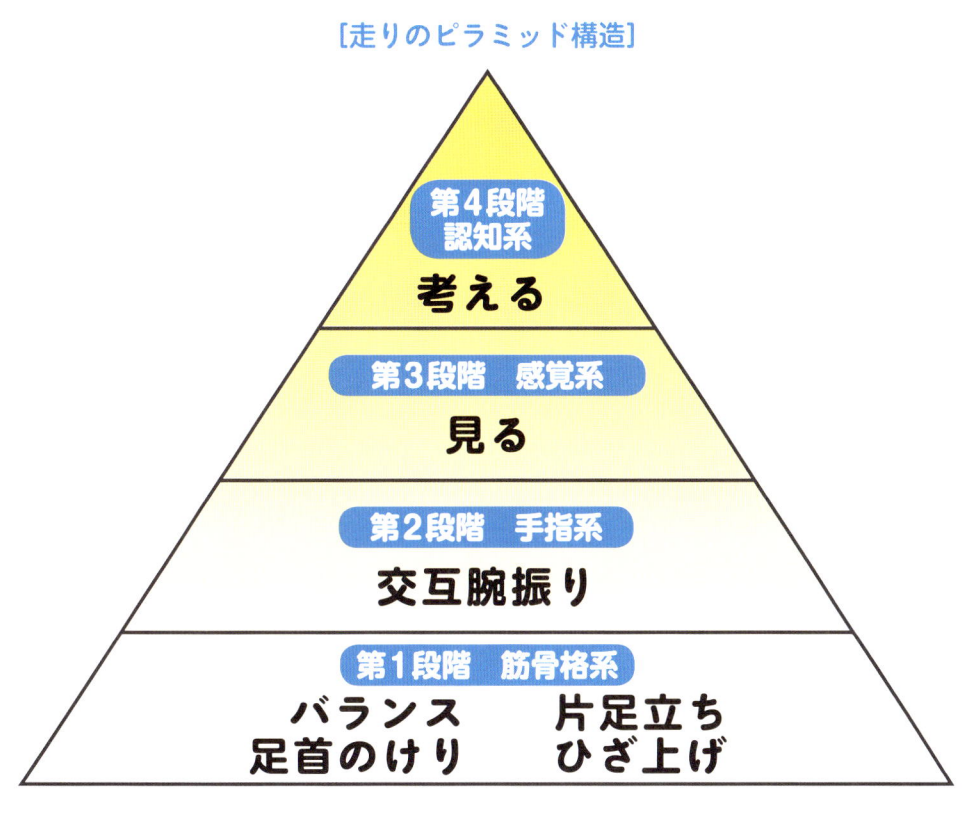

[走りのピラミッド構造]

- 第4段階 認知系：考える
- 第3段階 感覚系：見る
- 第2段階 手指系：交互腕振り
- 第1段階 筋骨格系：バランス／片足立ち／足首のけり／ひざ上げ

上手に走るためには、考える（第4段階）だけでなく、よく見て（第3段階）、腕を使って（第2段階）、バランスをとりながら足を動かす（第1段階）ことが必要です。

POINT!

- ❶ 体幹をひねりながら、前かがみの姿勢で走る
- ❶ 足を前に出すとき、ひざを上げる（股関節を曲げる）
- ❶ ひじを曲げる

➡ 走るときには姿勢の調整が必要です。足の筋肉だけでなくバランス感覚の果たす役割も大きいといえます。

1 走るのが苦手

3 指導アラカルト

体幹のひねり体操 ★

体のひねりを引き出す

立ち姿勢で、体幹を左右にひねる運動をして、左右対称にひねる動作ができているか確認します。ひじを伸ばしたままでは、体幹のひねりは引き出されません。ひじを曲げたままで腕ふりをうながしていきます。また、左右の腕を交互に振れるように、うながしていきます。

家でできる
チェックリスト
1 2 4 9
10 11 13 14
に有効

壁押し運動 ★

体幹の前傾を引き出す

壁に向かって、両手で壁を強く押します。このとき、体幹を前傾させ、体重の移動をうながします。

家でできる
ボール
チェックリスト
3 4 12 に有効

すべって転ばないように、足を前後に開いてバランスを取ります

押す感覚がつかみにくい場合は、ボールやクッションを使って、押してもよいでしょう。前傾姿勢を引き出すことができます

大股歩き ★

正しい姿勢と腕をふる力がつく

起立して、大股で歩きます。体幹の前傾、腕の振りをうながしていきます。

家でできる
チェックリスト
2 5 6 7 8
に有効

起立して、腕を振りながら大股で歩きます

第3章　運動が苦手

機関車体操（腕の前後体操）　★

腕をふる力がつく

機関車が走るイメージで、腕をもって前後に動かすようにうながす運動です。

家でできる
チェックリスト
2 3 8 に有効

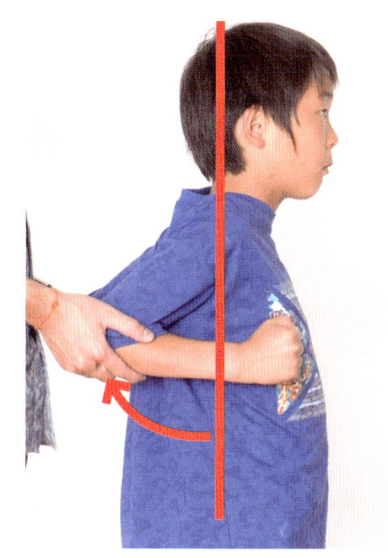

腕を伸ばして走っているときは、ひじを曲げ、腕を背中側に動かすようにうながします

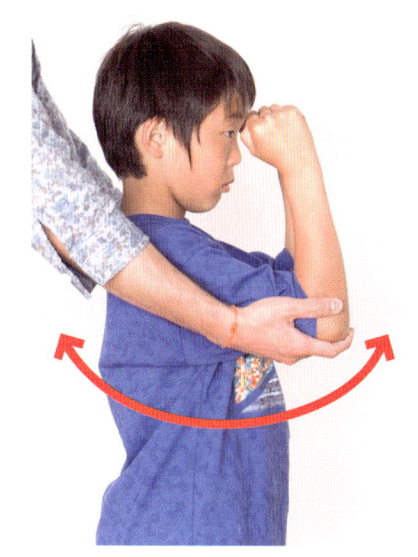

前後方向に動かします

• before & after •

機関車体操をすると、腕を振る力が身につき、上手に走れるようになります。

before

腕が伸びていて、振りがみられません

after

機関車体操をすると、ひじが曲がり、ひざがあがるようになります

1 走るのが苦手

ひざ立ち歩き ★★

体のひねり、腕をふる力を引き出す

床に両ひざをつけて、ひざ立ち姿勢になります。この姿勢で、前進していきます。

家でできる
チェックリスト
2 5 6 8 10
13 に有効

この姿勢だと、体をひねり、腕を振らないと前進しません

ひざは伸びないように、曲げたままにします

横向きダッシュ ★★

腕のふり、前かがみ、体のひねりを引き出す

横向きになり、走る構えをして、走り出します。腕の振り、前かがみ、体のひねりを引き出します。

NG 足をそろえて前向きに構えています

家でできる
チェックリスト
1 2 4 8 12
に有効

足を広げて横向きに構えます

第3章　運動が苦手

応用　バトン渡し（リレー）　★★

落とさない握り方の工夫
運動会などでは、リレー競争があります。バトンの受け取りが苦手なら、手のひらを上に向けて、相手に分かるように手を開くと、効率よくバトンを受け取ることができます。

体育の授業では、手首を起こして手を開いてバトンを受け取る方法が指導されますが、走者はバトンを渡しにくく、落としやすくなります

手のひらを上に向けるようにします。そして、親指を横に広げるようにすると、バトンを握りやすくなります

バトンは、親指とほかの4本の指の間に置くと握りやすくなります。バトンをしっかり握れるので、安定感が増します

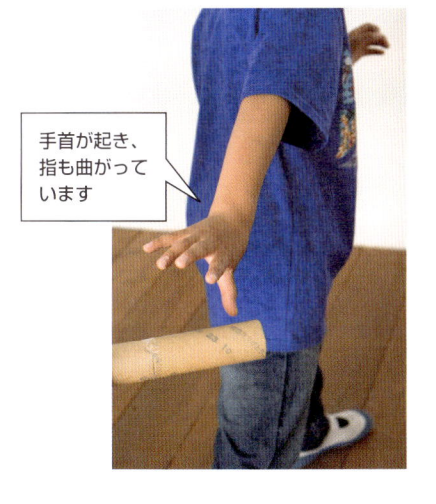

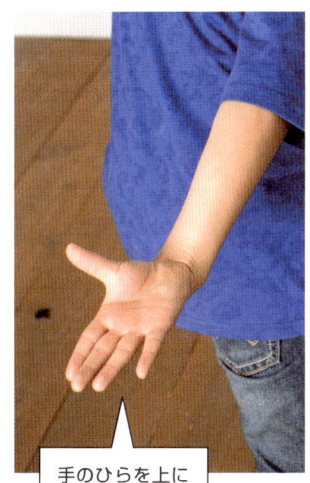

手首が起き、指も曲がっています

手のひらを上に向けて、親指を横に広げます

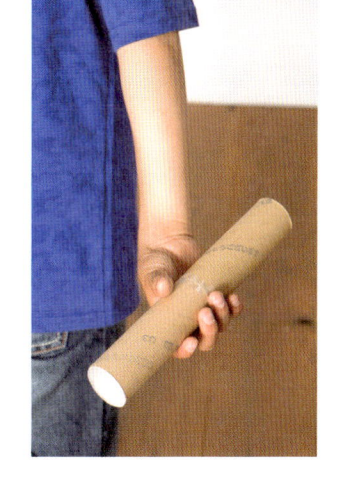

家でできる
チェックリスト
15 に有効

サポートのコツ（走るのが苦手な子への）

足だけでなく、腕の動きも指導する

走るときには腕の振りと、体幹のひねり運動が必要となります。腕と体幹を見て、どこを指導していけばよいか確認しましょう。

2 マット運動（前転）が苦手

前転には動きの基本要素がたくさん盛り込まれていますので、しっかり身につけましょう。ここで獲得された動きは、他の運動課題にもいきてきます。

1 苦手チェックリスト

こんな子いませんか？

1. 前転を始めるとき、立つ姿勢が猫背になる
2. マットに手をつけるとき、マットと体の位置があわない
3. マットに手をつけたとき、ふらつく
4. 回るとき、両ひじが曲がり体を支えられない
5. 回るとき、3点支持（両手と頭）になる（マットに頭がつく）
6. 頭を下げる動作などを怖がる
7. マットに手をつけたとき、手の指がしっかり開いていない
8. 回るとき、左か右に曲がって転がる
9. 回った後、体が伸びバタンと倒れる
10. 回った後、上手に起き上がれない
11. 回るとき、上手に首を曲げられない
12. マットに手をつけたとき、腰が落ち座り込んでしまう
13. 勢いよく回ってしまう
14. 回るとき、手をマットからはなし、頭をマットにつけて転がろうとする
15. マットに手がつけられない

2 動きの解説

前転は、立った姿勢からおこない、マットに両手をつけて回るため、頭の位置が大きく変化します。体勢が崩れないように、バランス感覚を働かせて位置と動きを感知することが大切です。

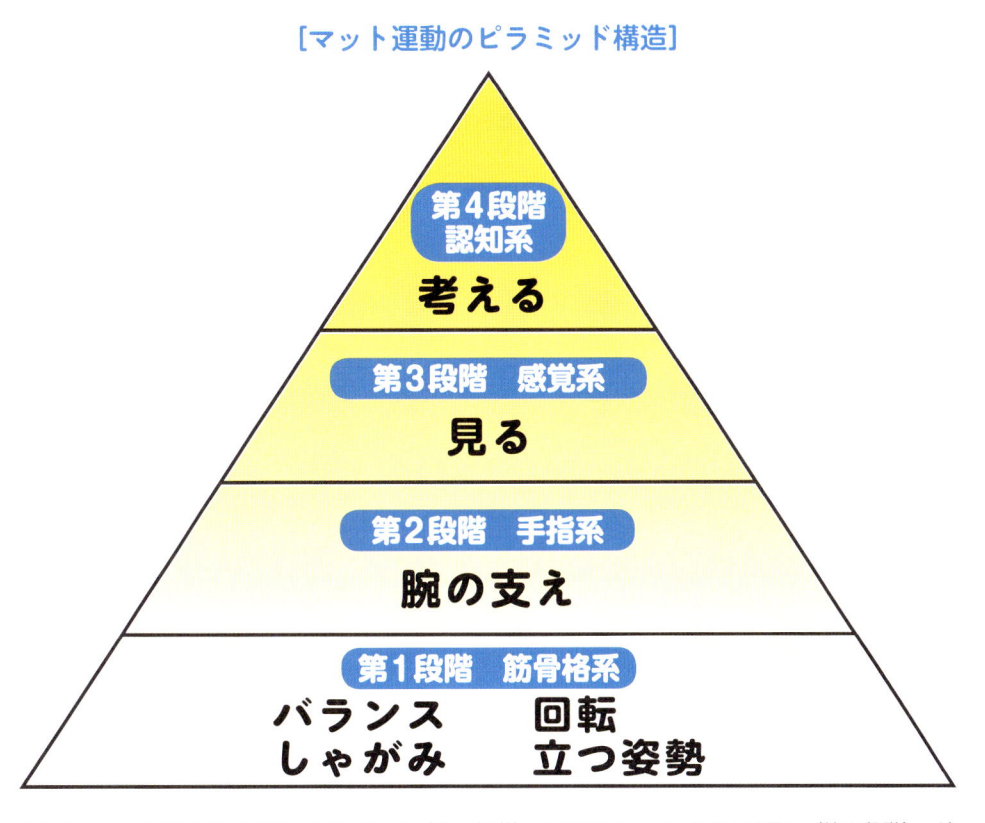

[マット運動のピラミッド構造]

- 第4段階 認知系：考える
- 第3段階 感覚系：見る
- 第2段階 手指系：腕の支え
- 第1段階 筋骨格系：バランス　回転　しゃがみ　立つ姿勢

上手にマット運動するためには、頭で考える（第4段階）だけでなく、マットをよく見て（第3段階）、腕を使って（第2段階）、バランスをとりながら回転する（第1段階）ことが必要です。

POINT!

- ❗ 腕の支えの土台をつくる
- ❗ 腕を伸ばし、腕で支える力を高めていく
- ❗ 両手をマットにつけたときに、おへそを見る

→ 体の重さを両腕で支えられるように、腕を伸ばします。指も伸ばすようにうながします。また、回転する前から頭がマットにつかないようにしましょう。

2 マット運動（前転）が苦手

3 指導アラカルト

かえるジャンプ ★

ける力と腕の力を引き出す

かえるジャンプは、手をマットにつけたまま、両足で床をけり上げてジャンプします。力強くけることを学習します。腕の支えとけりを強化します。回るとき、ひじが曲がってしまう子は、この運動からはじめます。

体育館でできる
マット
チェックリスト
3 4 5 9
12 13 14 15
に有効

手をしっかりマットにつけます

両足で床をけり上げましょう

左右方向への揺らし ★

バランス感覚をつける

手をひざにつけ、頭を下げた姿勢の子を左右に揺らしてバランス感覚をやしないます。怖がる子も多いので揺らす強さに注意しましょう。

家でできる
チェックリスト
3 6 8 10 13
に有効

高ばい ★

腕の力と体幹の動きをやしなう

高ばいの動きをおこない、両腕の支持力、体幹の動きをやしないます。上達したら床拭きを取り入れてみます。

家でできる
チェックリスト
1 3 4 5 7 13 に有効

高ばいではひじを曲げすぎないようにします

第3章　運動が苦手

手のセット ★

バランス感覚をやしなう

マットに手を置くときは、「ハ」の字に手をセットし、親指がしっかり内側に伸びていることを確認します。

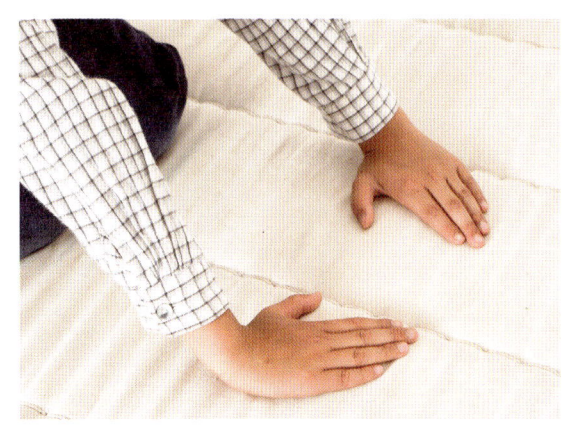

体育館でできる
マット
チェックリスト
2 3 12 15
に有効

カタカナの「ハ」の字をイメージしましょう

バランスボールの活用 ★★

腕の力・ける力をやしなう

バランスボールを活用し、腕の支えだけでなく、首を曲げる、足でける動きを学習します。

体育館でできる
バランスボール
チェックリスト
3 5 7 11
に有効

バランスボールに腹ばいに乗ります

マット運動（前転）が苦手な子への サポートのコツ

前転では両腕の支えが大切

失敗の原因の多くは、腕が体を支えられず、崩れてしまうことです。ひじを伸ばし、しっかり支えられているか確認しましょう。

103

3 なわとびが苦手

連続運動が特徴のなわとびでは、体力をかなり使いますが、効率よく体を使えると楽しくおこなえるようになります。そのコツを学びましょう。

1 苦手チェックリスト

こんな子いませんか？

1. なわとびを始めるとき、猫背になっている
2. 1回もとべない
3. 1〜3回程度はとべる
4. なわを回すとき、腕だけで回している
5. なわを回すとき、手首を上手に使えない
6. なわなしでも、同じテンポでとび続けるのが上手にできない
7. なわなしでも、同じテンポで両腕を回し続けるのが上手にできない
8. とぶとき、ドンドンと大きな足音がする
9. とぶ動きがなわより速くなる
10. とぶ動きがなわより遅くなる
11. 足の位置が前後左右に動いてしまう
12. 頭を傾けてとぶ
13. なわを回せない
14. なわのグリップを握る力が弱く、落としてしまう
15. とび続けていると、猫背になる

第3章　運動が苦手

2 動きの解説

ジャンプしたり、なわを回したりなど、体の末端部である手、足を上手に動かすためには、体の中心部である体幹をしっかりして、バランス感覚をやしなうことが重要です。また、両手と両足のタイミングを揃えることも大切です。

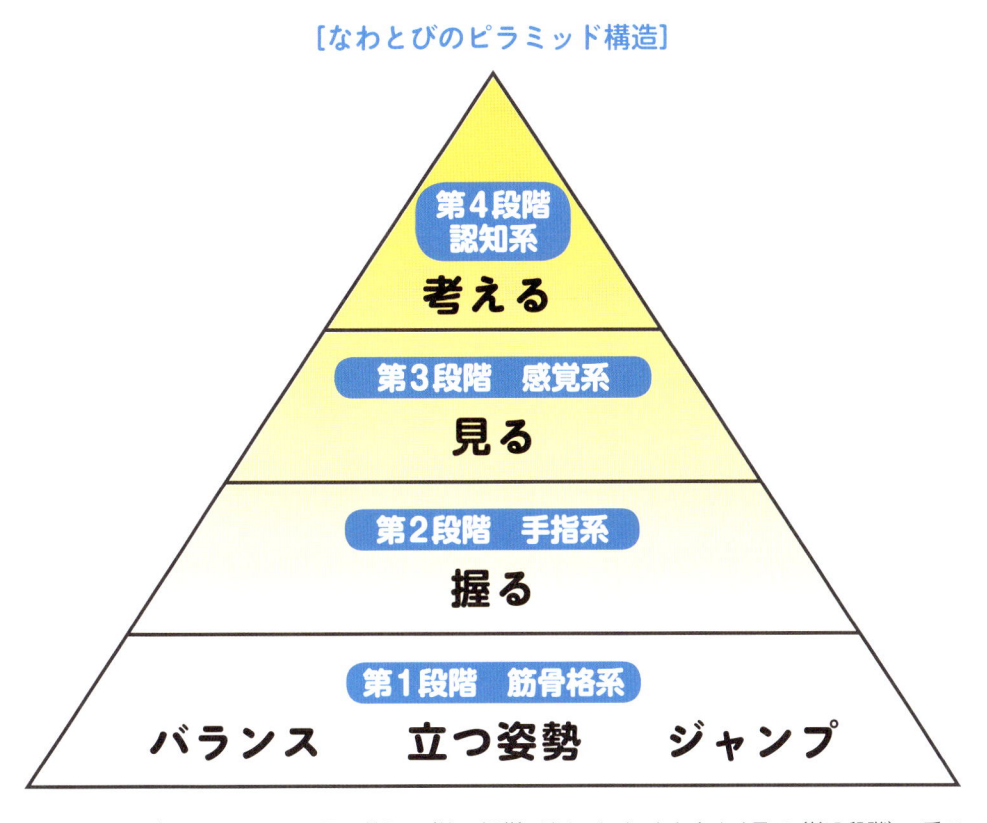

[なわとびのピラミッド構造]

- 第4段階　認知系　考える
- 第3段階　感覚系　見る
- 第2段階　手指系　握る
- 第1段階　筋骨格系　バランス　立つ姿勢　ジャンプ

上手になわとびをするためには、頭で考える（第4段階）だけでなく、なわをよく見て（第3段階）、手でなわを回して（第2段階）、バランスをとりながらジャンプする（第1段階）ことが必要です。

POINT!

- **背筋を伸ばして立つ**
- **なわは手首の返しで回す**
- **つま先に体重をかける**

→ 足の裏全部を使ってジャンプすると、足首やひざに負荷がかかって効率が下がります。つま先でとびましょう。また、なわを上手に回すには、手首のかえしが重要です。

3 指導アラカルト

立ち姿勢のチェック ★

正しい姿勢をうながす

背中が丸まっていたり、頭が下を向いていたりする場合は、なわを回す前に、立ち方をなおしましょう。

NG 猫背ではうまくとべません

体育館でできる
なわ
チェックリスト
1 9 10 12
に有効

腕回し体操 ★

肩・首・背中の筋肉の働きを高める

腕を回すときは、腕を背中側まで、動かすようにうながします。肩、首の背中側の筋肉の働きを高めます。

指先は肩に触れます

大きく回しましょう

背中側まで回しましょう

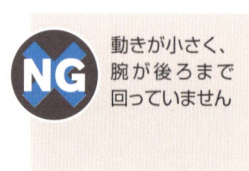

家でできる
チェックリスト
2 3 4 9 10
12 に有効

NG 動きが小さく、腕が後ろまで回っていません

第3章　運動が苦手

天井体操 ★

足首の力をやしなう

立ち姿勢から天井を見て、手のひらを天井につけるように背伸びをします。その時、天井を見るようにします。首もしっかり伸ばして見るように心がけます。この体操では背筋を伸ばしますが、同時に、手首の反らしと、頭部の伸ばしもうながします。さらに背伸びするので、足首も鍛えられます。

家でできる
チェックリスト
1 5 15 に有効

手で三角形をつくると天井を見やすくなります

つま先ジャンプ ★

つま先でジャンプする力をやしなう

足裏全体でのジャンプとなっているときには、つま先に重心を移動させてジャンプできるようにうながしていきます。つま先ジャンプではつま先を床から極力離れないように、ひざを屈伸させて軽くジャンプします。そのとき、何回とべるのか連続の程度も確認しましょう。

家でできる
チェックリスト
8 11 に有効

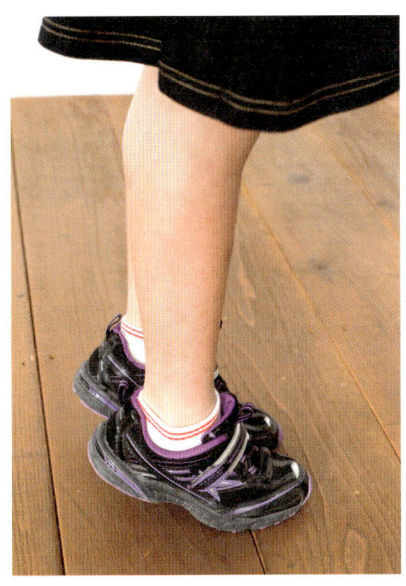

NG 足裏全体が床についています

この状態からつま先が床から極力離れないようにジャンプします

3 なわとびが苦手

頭上ボール投げ（両手） ★

腕・手首の力、体幹の固定力をやしなう

起立姿勢で、両手でボールを頭上に投げます。なわとびに必要な腕の保持力、手首の動き、体幹の固定力を高めます。

体育館でできる
ボール
チェックリスト
1 5 に有効

フープなわとび ★

ジャンプのタイミングをつかむ

ジャンプのタイミングがなかなかつかめないときは、フラフープを活用する方法があります。フープを回して、ジャンプのタイミングを学びます。また手首の筋肉も鍛えられます。

体育館でできる
フラフープ
チェックリスト
5 6 7 に有効

フープを回して、ジャンプのタイミングをつかみましょう

タオルなわとび ★★

手首の動きをやしなう

タオルを2つ用意し、玉結びします。ひじを曲げたままで、腕を動かしタオルを回します。最初はジャンプしないで、立ったまま左右のタオルを回します。慣れてきたらジャンプを入れます。手首の動きの練習にもなります。

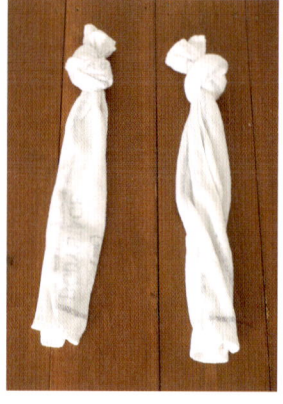

家でできる
タオル
チェックリスト
4 5 13 14 に有効

タオルは先を玉結びします

ひじを曲げたままタオルを回します

第3章　運動が苦手

タオル回し ★★

手首・肩の周りの筋力をやしなう

タオルの両端を握り、またいで背側に回します。両腕を協調させて頭から通します。これは、なわとびができるための前段階の体つくり運動メニューです。手の握り機能、片足あげのバランス機能、肩の周りの筋肉を高めます。

家でできる
タオル
チェックリスト
② ③ ④ ⑤
⑬ ⑭ に有効

バランスをとりながら片足を上げます　　タオルを離さないように後ろまで回します　　何回か繰り返しましょう

ランドセル背負い ★★

腕の振り回しをなめらかにする

腕がうまくふれなかったり、1回もとべないような場合、後ろからなわをまわし始めます。ランドセルを背負うときのように、手は肩の上にセットします。ひじは曲げるようにうながします。腕の振りまわしがなめらかになります。

体育館でできる
なわ
チェックリスト
② ③ ⑬ に有効

一般的な構えです

ランドセルを背負うように、なわを肩にまわします

なわとびが苦手な子へのサポートのコツ

手首の動きを重点的に見る

なわとびは、なわを効率よく回し「続け」なければなりません。手首の動かし方を見て、子どものレベルに合わせて指導していきましょう。

109

4 鉄棒（逆上がり）が苦手

鉄棒は重力に逆らう運動で難しいですが、上手に体を使えば、楽にできるようになります。その仕組みを学びましょう。

1 苦手チェックリスト

こんな子いませんか？

1. 逆上がりを開始するとき、猫背になっている
2. 足を上げるとき、両腕が伸びきっている（ひじが伸びている）
3. 親指と他の4本指を対向して鉄棒を握れない
4. 握りが弱く鉄棒から手がすべる
5. 足を上げるのが上手にできない
6. 足を上げるとき、頭が後ろに下がる
7. 動き全体が遅い
8. けり上げる前に、足の位置が動き、定まらない
9. けり上げる前に、足の振り出しが上手にできない
10. 足を上げ垂直方向までは回れるが、そこからが上手にできない
11. 鉄棒から手を離し、落ちてしまう
12. 鉄棒にぶらさがることが上手にできない
13. 「つばめ」の姿勢が上手にできない
14. 「豚の丸焼き」の姿勢が上手にできない
15. 鉄棒と体の位置が遠すぎる

つばめ

豚の丸焼き

2 動きの解説

逆上がりは力を押し出すというより、自分の体に「引く」、つまり引きつける力が重要です。また、腕と足が伸びきらないように、体を丸めて動かすことがコツです。

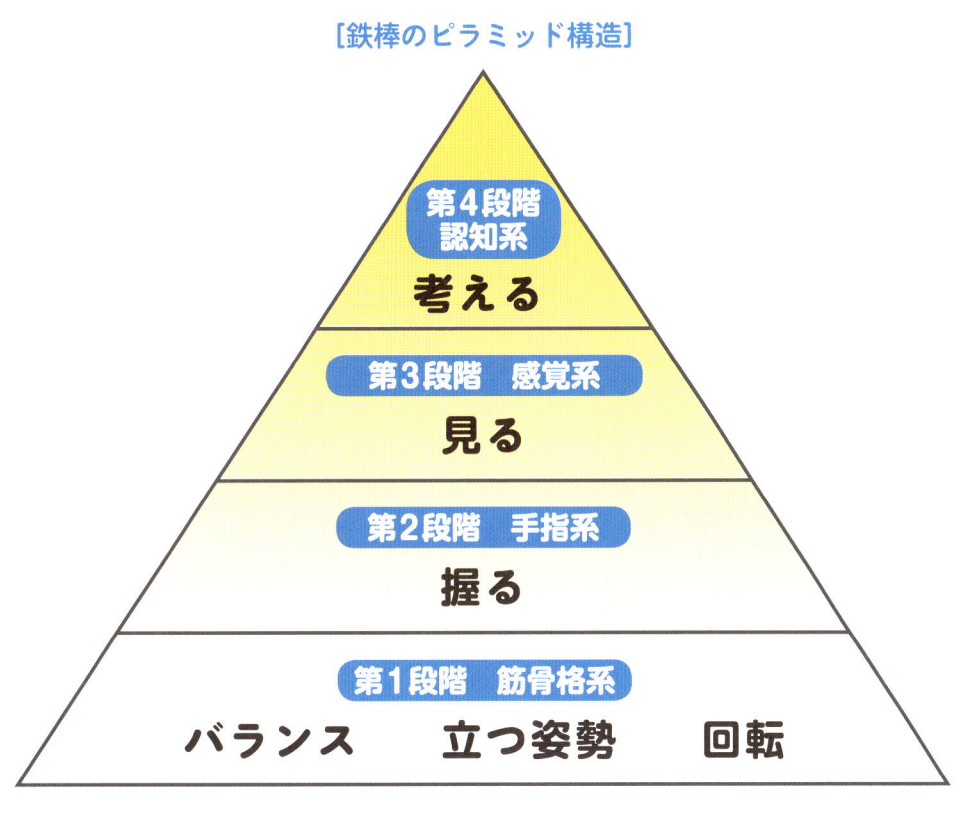

[鉄棒のピラミッド構造]

```
          第4段階
          認知系
           考える

        第3段階　感覚系
           見る

       第2段階　手指系
           握る

      第1段階　筋骨格系
   バランス　立つ姿勢　回転
```

上手に鉄棒をするためには、頭で考える（第4段階）だけでなく、鉄棒をよく見て（第3段階）、手で鉄棒をしっかり握って（第2段階）、バランスをとりながら回転する（第1段階）ことが必要です。

POINT!

- 親指を開き、鉄棒をしっかり握る
- 股関節を曲げたままで、足を上げる
- ひじを曲げたままで、足を上げる

→ 鉄棒を握る手は、親指を他の指と対向させて握ります。足を上げるときは、股関節を伸ばさないようにしましょう。

3 指導アラカルト

鉄棒と体の位置の確認 ★

構えを身につける

ひじを曲げたままにします。腕の力の弱い子には背中をサポートしてもよいでしょう。手と体の距離は近くにセットします。

校庭でできる
鉄棒
チェックリスト
① ② ⑤ ⑥ ⑦ ⑨ ⑩ ⑫ ⑮ に有効

NG 首が後ろに伸び、ひじと股関節も伸びています

首、ひじを曲げるようにセットします。この状態からサポートして逆上がりの練習をするのもよいでしょう

たまご姿勢 ★

姿勢を身につける

あおむけに寝ます。首、股、ひざを曲げて丸まります。ひじも曲げるようにうながしていきます。

家でできる
チェックリスト
② ⑥ ⑦ ⑭ に有効

あおむけに寝ます

たまごのように丸まります

平均台の活用 ★★

継続的に姿勢を保つ力をやしなう

平均台の下に潜り、あおむけになります。次に手と足を使って台にしがみついて前進していきます。豚の丸焼きポーズのように、体を台にひきつける持続的な力をやしないます。

体育館でできる
平均台
チェックリスト
② ③ ④ ⑥ ⑭ に有効

第3章　運動が苦手

カレンダー丸め ★★

正しい握りを身につける

つぶさないように注意して、紙（例えばカレンダー）を筒状に丸めます。そのとき両手の親指が対向しているか確認します。鉄棒の握りにつながります。

家でできる
紙
チェックリスト
3 12 13
に有効

タオルバー ★★★

体に引きつける力をやしなう

あおむけに寝て、タオルを鉄棒に見立てて握ります。逆上がりするように、首を曲げ、足を上げていきます。自分の体に引きつける力の入れ方を学習します。

正しい握り方でタオルを握ります

タオルクロス引き ★★★

継続的に引く力をやしなう

タオルを2つ用意します。十字にクロスさせてひっぱり合います。持続的に力を出すことを学習します。体を引きつける力をやしないます。

友だちとひっぱり合いをしましょう

家でできる
タオル
チェックリスト
3 4 8 9 10
11 12 に有効

逆上がりをするときの姿勢を意識しましょう

家でできる
タオル
チェックリスト
2 3 4 5 6
10 12 15 に有効

鉄棒（逆上がり）が苦手な子への サポートのコツ

回るときのひじを見る

鉄棒に体を「引きつける」力がポイントとなります。ひじを曲げた状態からおこなうことがコツです。腕が伸びきっていないか注目しましょう。

5 ボールをとるのが苦手

ボールをとる動きは、手だけではなく全身の動きが必要です。体全体の動かし方を身につけましょう。

1 苦手チェックリスト

こんな子いませんか？

1. ボールをとるとき、猫背になっている
2. 飛んでくるボールをとらずに逃げる（顔をそむける）
3. ボールをとるとき、手ではなく、胸で受けている
4. ボールを見ていない
5. ボールがとれず、顔にぶつかる
6. ボールをとるとき、滑って転んでしまう
7. ボールをとるとき、ひざが伸び棒立ちになっている
8. ボールをとるとき、落球してしまう
9. 足元にきたボールがとれない（足が動かない）
10. バウンドしたボールを上手にとれない
11. ボールをとるとき、足が前にでない
12. ボールをとる前から両腕を前方に伸ばしてとろうとする
13. 頭上にボールがくると、見失う
14. 頭上にボールがくると、とれない
15. 左右に転がってくるボールの横側に足をだせない

2 動きの解説

ボールをとる動きは、一見受け身に見えますが、とりに「いく」という点で能動的です。動いているボールの遠近感をつかみ、足を動かしてとりにいく動きを身につけましょう。

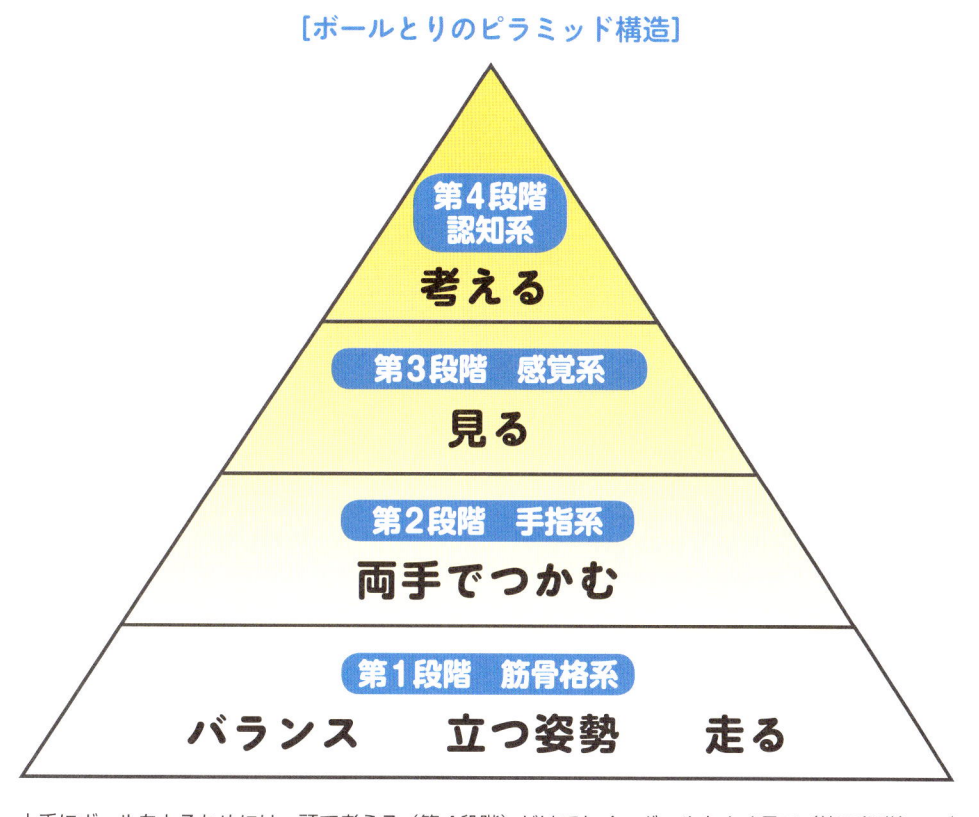

[ボールとりのピラミッド構造]

- 第4段階 認知系　考える
- 第3段階 感覚系　見る
- 第2段階 手指系　両手でつかむ
- 第1段階 筋骨格系　バランス　立つ姿勢　走る

上手にボールをとるためには、頭で考える（第4段階）だけでなく、ボールをよく見て（第3段階）、バランスをとりながら立って（第1段階）、両手でボールをとる（第2段階）ことが必要です。

POINT!

- ❗ **足の動き（ステップ）を確認する**
- ❗ **ボールをとるときの手首の反らしが大切**
- ❗ **頭を動かしながら見続ける**

→ ボールをとるときは、向かってくるボールと体の距離を測り、ボールに体を合わせ、手でとります。また、手だけでなく足をその都度、動かすことが重要となります。

| 5 | ボールをとるのが苦手 |

3 指導アラカルト

ボール転がし ★

足腰の力をやしなう

大人が転がしたボールをとりにいきます。ボールをしゃがんでとることができるかチェックしましょう。足腰も鍛えられます。肥満の子にも有効です。転ばずにしゃがんでボールをとるゲームにするとよいでしょう。

体育館でできる
ボール
チェックリスト
1 6 7 9 11 15
に有効

子どもに合わせて、転がすスピードを調節しましょう

とる姿勢をチェックします

床バウンドキャッチ ★★

手首の力・見る力をやしなう

2人で向かい合って、床にボールを1回バウンドさせて、キャッチします。できるだけ目で追うようにうながします。床にたたきつけるため、手首の力がやしなわれます。

体育館でできる
ボール
チェックリスト
2 4 8 10 11
12 13 14 に有効

1回のバウンドで届く距離にします

（目線）

ボールをしっかり目で追うようにうながしましょう

とり方もチェックします

両手バウンドキャッチ ★★

腕の力・見る力をやしなう

立って両手にボールをもち、真上にバウンドするよう体の近くにたたきつけてキャッチします。

体育館でできる
ボール
チェックリスト
② ④ ⑤ ⑩ ⑫
に有効

ボールは頭の後ろまでもっていきます

NG

ボールが額のあたりにあり、腕の動かし方が不十分です

ボールが頭上にあり、腕の動かし方が不十分です

ボールを体の近くでバウンドさせることができていません

5 ボールをとるのが苦手

ドームキャッチ ★★

腕の力・見る力をやしなう

直球ではボールを追視できない子どもの場合には、放物線を描くようにボールを投げ、よく見てとるようにします。遠近感もやしないます。

体育館でできる
ボール
チェックリスト
2 3 4 5 12
13 14 に有効

2メートルほど距離をとるとよいでしょう

しっかり見てとれているかチェックします

ペアバウンドボールとり ★★★

腕の力・見る力をやしなう

2人ペアになり、背中合わせで立ったままの姿勢から、ボールをバウンドさせて、子どもは振りむいてすばやくキャッチします。距離感をやしない、動きながら見る練習になります。

体育館でできる
ボール
チェックリスト
2 3 4 5
に有効

音に反射できるかをチェックすることもできます

ボールがとりやすいよう、投げたら子どもと少し距離をとりましょう

第3章　運動が苦手

両手頭上キャッチ ★★★

手首の力・見る力をやしなう

両手でボールをもち、下から頭上にあげて、ボールをキャッチします。

体育館でできる
ボール
チェックリスト
4　5　13　14
に有効

ボールは頭上に上げるようにしましょう

キャッチする動作の練習にもなります

NG

指を広げてボールをもっていません

ボールを頭上ではなく斜め上にあげています

ボールをとるのが苦手な子へのサポートのコツ

最初は、足を動かしながらボールをとりにいく

両足をくっつけて、静止した姿勢でボールをとることは、意外と失敗しやすいものです。足を動かして、ボールをとりにいく段階からおこなうとよいでしょう。

6 ボールを投げるのが苦手

ボール投げは全身を使う動きで、バランス感覚や見る力も重要となります。必要な力のやしない方を学びましょう。

1 苦手チェックリスト

こんな子いませんか？

1. 投げる前の姿勢が猫背になっている
2. 相手を見ながら投げるのが上手にできない
3. 手首を曲げて体の横からしか投げられない（サイドスロー）
4. 相手にやさしくボールを投げるのが上手にできない
5. 相手がとれないような強く速いボールを投げる
6. 体をひねりながら投げるのが上手にできない
7. 足を前に出して投げるのが上手にできない
8. 投げる手の側の足を前に出して投げる
9. 片足をあげて投げるのが上手にできない
10. 両手で投げるのが上手にできない
11. 片手で投げるのが上手にできない
12. スナップがきかず、ボールが手から滑る
13. あげた腕を降ろすように投げる
14. 上から投げる（オーバースロー）のでなく、下からしか投げられない
15. ボールを投げる方向が定まらない

2 動きの解説

相手を見ながら動作をおこなうため、ボール投げでは、目と手の協調性が重要です。また、正確に投げたり、ボールが滑り落ちないように固定したりするので、手首の使い方が大切になります。

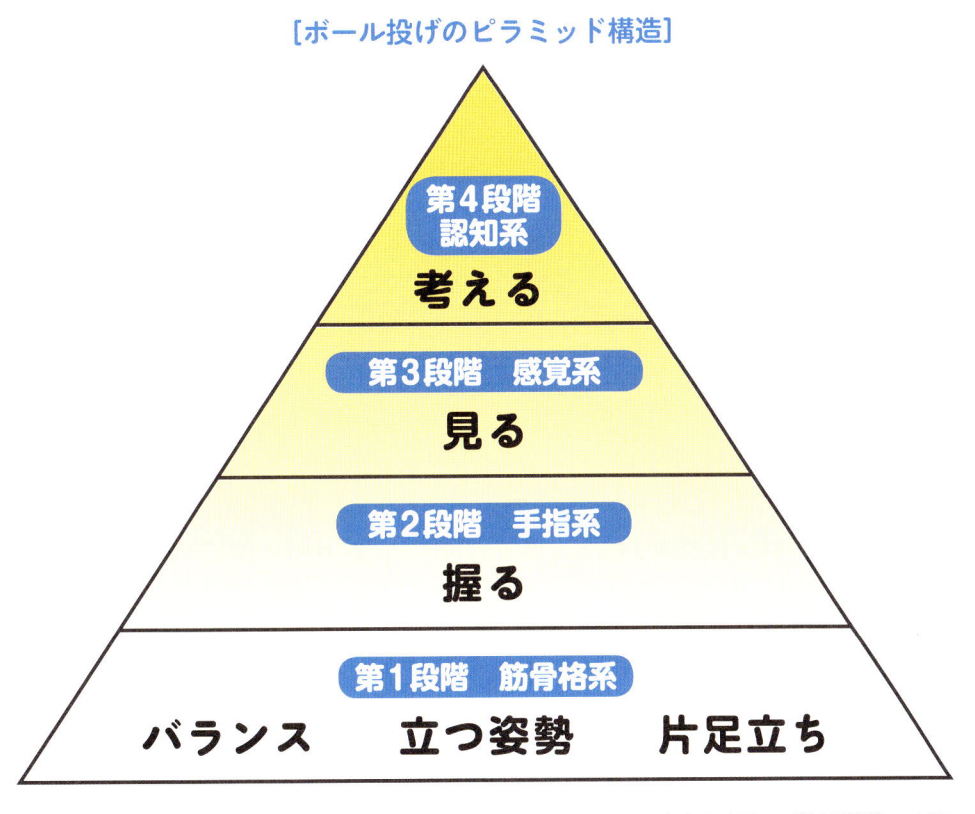

[ボール投げのピラミッド構造]

- 第4段階 認知系：考える
- 第3段階 感覚系：見る
- 第2段階 手指系：握る
- 第1段階 筋骨格系：バランス　立つ姿勢　片足立ち

上手にボールを投げるためには、頭で考える（第4段階）だけでなく、人をよく見て（第3段階）、バランスをとりながら立って（第1段階）、両手でボールを投げる（第2段階）ことが必要です。

POINT!

- ❗ 手や足の土台になっている体幹の動きを見る
- ❗ 手首を上手に使って投げる
- ❗ 相手が受けとることを考えて力加減をする

→ 投げるときに体幹のひねりができているか確認しましょう。また集団の球技では、力強く投げることよりも、相手が受けとれるような場所に、適度な力加減で投げることが求められます。

6 ボールを投げるのが苦手

3 指導アラカルト

両手頭上スロー ★

手首の力をやしなう
手首の使い方を学習します。

- 体育館でできる
- ボール
- チェックリスト 2 3 4 5 10 12 に有効

手首を使って投げてとる動作をします

とる姿勢をチェックします

両手頭上スローバウンド ★★

手首の力・体幹の力をやしなう
床に力強くボールをたたきつけるように投げます。そしてバウンドしたボールをとります。手首の力、体幹の固定力もやしないます。

- 体育館でできる
- ボール
- チェックリスト 1 5 10 12 13 14 に有効

大きくふりかぶってボールに勢いをつけましょう

ボールを床にたたきつけます

反動の強いボールをとれるよう、見る力をやしないます

出前のせ歩き ★

手首の力をやしなう

手首を反らして、手のひらにボールを乗せます。落とさないように静止します。それができたら、ゆっくりと落とさないように歩きます。

家でできる
ボール
チェックリスト
3 11 12 14 15
に有効

親指が顔側に向くようにもちます

NG 親指が外側を向いています

下方スロー ★

手首の力・ひざの力をやしなう

両手にボールをもってひざを曲げ、しゃがんで股下からボールを投げます。手首とひざの使い方を学習します。

体育館でできる
ボール
チェックリスト
10 14 に有効

床にボールがつかないように注意しましょう

NG 投げるときにひざを曲げていません

| 6 | ボールを投げる のが苦手 |

片手押さえスロー ★★

腕・見る力をやしなう

片方の手で、ボールが落ちないように押さえて、両手を使って投げます。そのとき、足のステップをチェックします。顔が下方を見ているようであれば、上方向をみて投げるようにうながしていきます。慣れてきたら飛距離を伸ばしていきます。頭を上げることが飛距離を伸ばすコツです。

体育館でできる
ボール
チェックリスト
⑥ ⑦ ⑧ ⑨ ⑪
⑮ に有効

ボールを片手にのせ、もう片方の手で押さえます

バランスをとりながら片足を上げます

下を見ないようにうながしましょう

第3章　運動が苦手

両手甲のせ歩き　★★

腕の力・見る力をやしなう

腕を水平に保持します。両手の甲に、ボールを乗せます。落とさないように、腕を水平に保持したまま歩きます。バランス、手首の力、腕の保持力をやしないます。

体育館でできる
ボール
チェックリスト
2　4　5　13　14
に有効

NG 腕の高さが水平に保持できていません

下を見ず、前方とボールを見ながら歩きます

投げる強さの指導　★

正しい投げ方をうながす

2人で向かい合って投げ合うとき、力強く相手がとれないような速いボールを投げてしまう場合には、遠く離れて、力強く投げます。そこから距離を短くして、相手がとれるような力でボールを投げる見本を示します。次に、子どもになげさせて、できているか確認してあげましょう。緩急をつけた投げ方をすることで、加減した投げ方を学びます。

体育館でできる
ボール
チェックリスト
4　5　に有効

ボールを投げるのが苦手な子への サポートのコツ

手首の力を身につける

相手がとれるように正確に投げるためには、手首の動きがポイントとなります。段階に分けて、自信をつけさせながら指導するとよいでしょう。

7 水泳（クロール）が苦手

水泳も難しい動きですが、まずは水がないところで泳ぐ動きの基本形を身につけていくことから始めます。ここでは主にクロールの動きについて解説しました。

1 苦手チェックリスト

こんな子いませんか？

1. 顔を水につけるのをこわがる
2. 息継ぎが上手にできない
3. 腕を回すのが上手にできない
4. 水中にもぐるのが上手にできない
5. 両足を交互に動かすのが上手にできない
6. 足を動かすとき、ひざを曲げてしまう
7. 手で水をかくのが上手にできない
8. 水に浮くことが上手にできない
9. 壁をキックして前に進むことが上手にできない
10. 手足を動かしているのに進まない
11. 体を浮かせることはできるが、手足を動かすと沈んでしまう
12. 25メートル泳げない
13. 50メートル泳げない
14. 水中に立つことはできるが、泳ぐことは嫌がる（こわがる）
15. 動き全体が遅い

2 動きの解説

泳ぐときは、体の位置が変化するので、バランス感覚が求められます。また、息つぎをするときに体幹をひねるので、体幹の動かし方も重要になります。

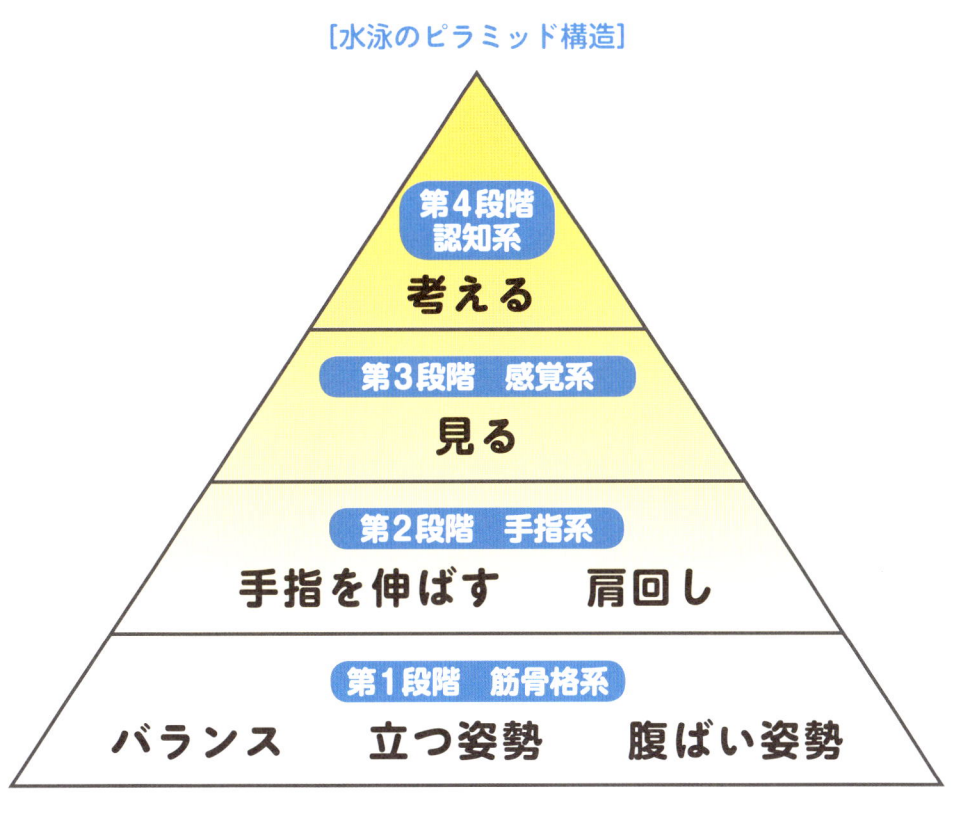

[水泳のピラミッド構造]

- 第4段階 認知系：考える
- 第3段階 感覚系：見る
- 第2段階 手指系：手指を伸ばす　肩回し
- 第1段階 筋骨格系：バランス　立つ姿勢　腹ばい姿勢

上手に泳ぐためには、頭で考える（第4段階）だけでなく、よく見て（第3段階）、バランスをとりながら浮いて（第1段階）、両手足を動かす（第2段階）ことが必要です。

POINT!

- ❶ 体幹の保持力が大事
- ❷ 触覚が過敏になっていないか確認
- ❸ 腕を体の後ろまで回す

→ 腕、足を連続的に同じテンポで動かせるような体幹の働きが重要であることを意識します。また、顔に水がかかるのを嫌がるときは、触覚の過敏が考えられますので、注意しましょう。

7 水泳（クロール）が苦手

3　指導アラカルト

肩回し体操 ★

肩の正しい動きをうながす

クロールの腕回しの練習となります。後方にも腕が回せるようにうながしていきます。最初は、左右の肩を同じ方向で回します。慣れてきたら、クロールのように、交互に肩を回して動きを学習しましょう。

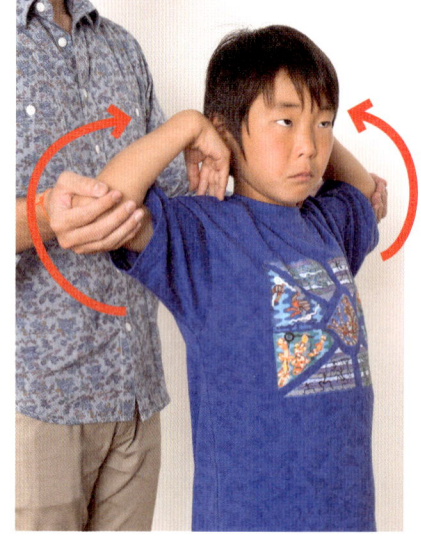

家でできる
チェックリスト
3　7　10　12　13
15 に有効

指先を肩につけひじをサポートして、大きく回すように指導します

横転 ★

バランス感覚・体幹のひねりを引き出す

横転は頭部が回転するので、バランス感覚を高められます。体幹のひねり運動も引き出します。

家でできる
チェックリスト
1　4　8　9　10
14 に有効

首が後ろに反らないようにしましょう

第3章　運動が苦手

スケートボードの活用 ★★

バランス感覚、足の力をやしなう

腹ばいになり、壁をける練習をおこないます。加速移動中の姿勢の保持力をうながしていきます。水泳のターンの練習にもつながります。

体育館でできる
スケートボード
チェックリスト
1 6 8 9 15
に有効

手足を伸ばした姿勢を意識しましょう

エアークロール ★★

腕・首の正しい動き方をうながす

床に腹ばいになり、クロールの動きをします。腕の回し方、息継ぎのときの首の動かし方をチェックします。

家でできる
チェックリスト
2 3 6 7 10
11 15 に有効

腕は大きく回します

息継ぎの動作もしましょう

7 水泳（クロール）が苦手

バランスボールの活用 ★★★

バランス感覚・腕の力をやしなう

バランスボールを活用します。腹ばいになり、バランスを保ちながら両腕でクロールの動きをします。できてきたらサポートをせず、自力でできるようにうながしていきます。

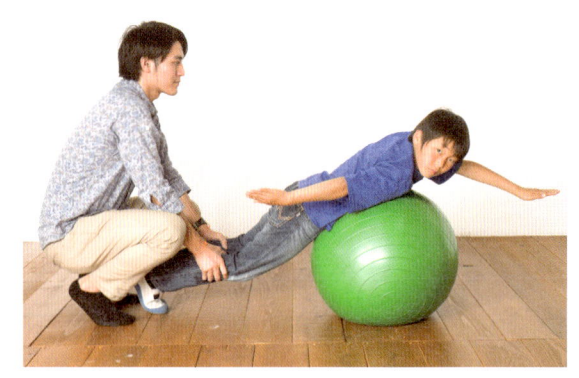

体育館でできる
バランスボール
チェックリスト
3 7 10 11 12 13 14 に有効

子どものバランス能力に合わせてサポートしていきます

腕を交互に回します。連続してどの程度回せるのか見ていきます

慣れてきたら自力でおこないます

第3章　運動が苦手

いすの活用 ★★★

腕と足の協調した動きを身につける

いすに腹ばいになり、クロールの泳ぎのまねをします。体幹の保持力、腕回しと両足のバタ足を同時にする学習ができます。

家でできる
いす
チェックリスト
③ ⑤ ⑥ ⑦ ⑩ ⑪ ⑫ ⑬ ⑭ に有効

バタ足もいすの上でなら練習できます

手足がだれないようにしましょう

サポートのコツ（水泳（クロール）が苦手な子への）

腕回しを重点的に指導する

腕回しがポイントとなります。しっかり背中の後方まで腕を回しましょう。水がなくても、段階的に学習していくとできるようになります。

8 とび箱が苦手

動きのパターンが途中でかわるとび箱とびの動きは、リズム・テンポ系の運動が重要となります。段階的な動きを身につけましょう。

1 苦手チェックリスト

こんな子いませんか？

1. 開始の起立姿勢で猫背になっている
2. とび箱に向かって走るスピードが遅い
3. 踏み台の前でスピードが落ちてしまう（止まってしまう）
4. 走ってきて踏み台に両足が合わせられない
5. とび箱の台を両手で支えるのが上手にできない
6. とび越えられず、とび箱の上に座ってしまう
7. とぶのをこわがる
8. とんだ後、着地で転ぶ
9. 踏み台でのジャンプが上手にできない
10. とび箱を見ながら走るのが上手にできない
11. 助走のとき、バタバタと走る
12. 助走のとき、転ぶ
13. 助走して、止められずとび箱の台にぶつかる
14. 助走のとき、頭を傾けて走る
15. 助走のとき、まっすぐ走れない

2 動きの解説

とび箱とびは、次々に動きのパターンが変わる運動です。瞬時に切り替わるパターンをよく理解するため、認知する力が求められます。ジャンプした瞬間は、とび箱を見て、手の接地場所を見定めなければならないので、見る力も大切です。

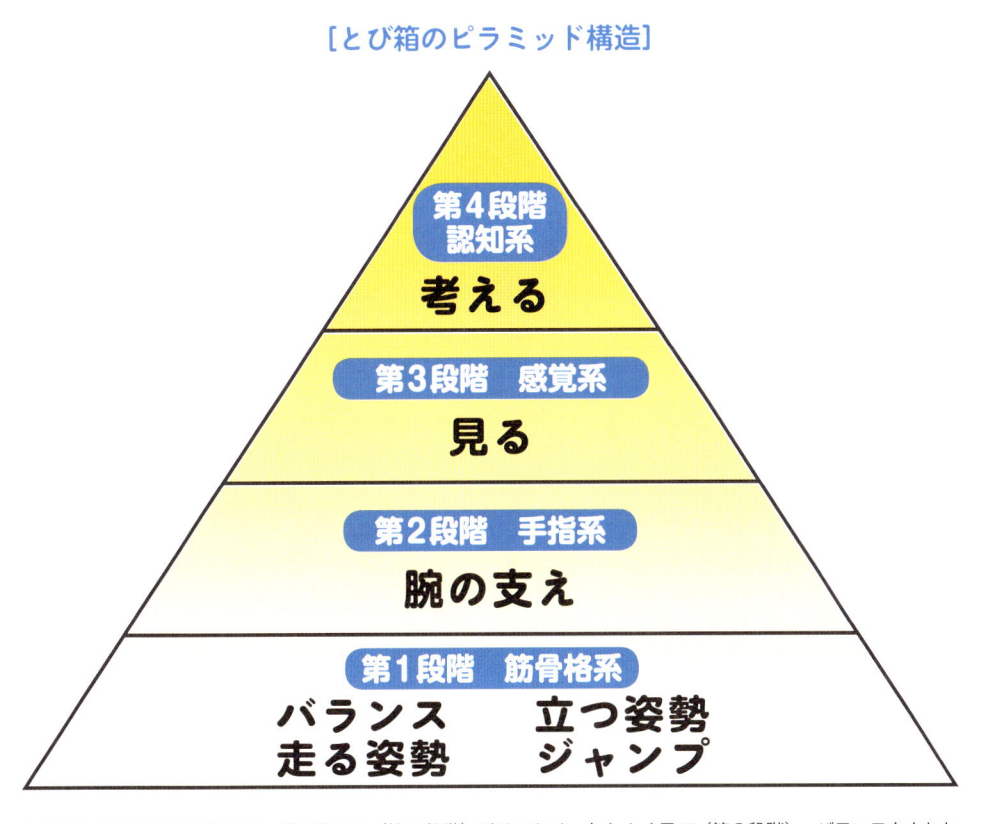

[とび箱のピラミッド構造]

- 第4段階 認知系：考える
- 第3段階 感覚系：見る
- 第2段階 手指系：腕の支え
- 第1段階 筋骨格系：バランス、立つ姿勢、走る姿勢、ジャンプ

上手にとび箱をするためには、頭で考える（第4段階）だけでなく、台をよく見て（第3段階）、バランスをとりながら走って（第1段階）、両手で支えて（第2段階）、バランスをとってとび越える（第1段階）ことが必要です。

POINT!

- ❶ 助走から踏み台へジャンプするバランス感覚
- ❶ 台との距離感をはかり、ジャンプする
- ❶ 腕の保持力を身につける

→ 助走ではスピードを落とさずに、踏み台へジャンプするため、バランス感覚が重要になります。また、ジャンプしてから瞬時に手を台につけるため、両腕の支えが決め手となります。

8 とび箱が苦手

3 指導アラカルト

立つ姿勢 ★

正しい姿勢をうながす
助走する前に、猫背になっていないか確認しましょう。

家でできる
チェックリスト
1 12 に有効

走る姿勢 ★

正しい走り方を身につける
走る姿勢がよくない場合、走り方から練習しましょう。
（P94〜99参照）

体育館でできる
チェックリスト
2 4 10 11
12 13 15 に有効

フープインストップ ★★

バランス感覚をやしなう
フラフープをめがけて走っていき、フープの中で止まります。フープからはみ出ないように気をつけます。踏み台の手前で、スピードが落ちないように助走する練習になります。また距離感をやしなう練習にもなります。距離はだんだん伸ばしていくとよいでしょう。

体育館でできる
フラフープ
チェックリスト
2 3 4 8 9 10
に有効

NG 着地のときフープ内で止まれていません

足を踏ん張る力が身につきます

かえるジャンプ ★★

腕の力、バランス感覚をやしなう
床に両手をつけて、ジャンプします。体重を腕で支え、バランスをとる練習になります。

家でできる
チェックリスト
5 6 に有効

両足の上げる高さはそろえましょう

第3章　運動が苦手

いすや机の利用 ★★

腕の力をやしなう

両手をつけて、ジャンプします。いすや机を使って、体幹を傾けて両腕で支える練習ができます。とび箱台がなくても教室や家庭でも学習できます。

家でできる
いす　机
チェックリスト
5 6 9 14 に有効

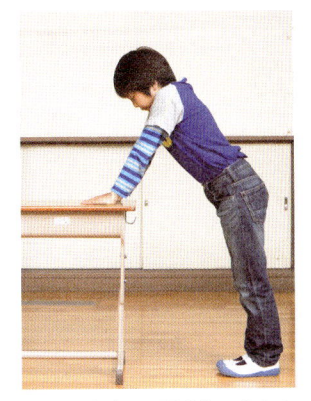

背筋は伸ばして両手をつきます

両手は机から離れないようにしましょう

台乗り ★★

腕の力、正しい姿勢をやしなう

助走はせず、とび箱の台の前に起立します。両腕で支えてから、体幹を前傾させて台に乗ります。腕の支えと体幹の前かがみを同時に練習できます。それができてから、数歩下がり、助走を加えて練習します。

体育館でできる
とび箱の台
チェックリスト
5 6 7 9 14
に有効

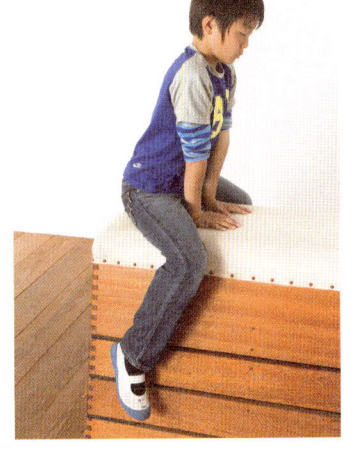

NG 体と台が近すぎてお腹で台を支えてしまっています

体幹を前傾することを意識しましょう

とび箱が苦手な子へのサポートのコツ

腕の力をやしない、動きは分解して学習する

とび箱は、次から次へと動きのパターンが変わる運動です。行程を分けて、段階的に指導していきましょう。腕の支えが重要となります。

9 サッカー（ボールキック）が苦手

ボールを上手にけることも大事ですが、その前提としてボールを止めることも重要です。ここではサッカーを楽しむ第一段階としてボールを止める、けるの指導を解説します。

1 苦手チェックリスト

こんな子いませんか？

1. 立つ姿勢が猫背になっている
2. 顔は下を向いている
3. 片足をあげてボールを保持するのが上手にできない
4. 転がってきたボールを足で止めるのが上手にできない
5. 足のつま先部でボールをキックする
6. キックするときに空振りをする
7. キックするときに転ぶ
8. 相手を見てボールをキックするのが上手にできない（ける方向が定まらない）
9. 足でドリブルが上手にできない
10. 利き足でないほうの足でキックするのが上手にできない
11. 加減してキックするのが上手にできない
12. ボールを見ることが上手にできない
13. 走る姿勢が猫背になっている
14. ボールを追いかけて走ると転ぶ
15. ひざでボールをキックすること（リフティング）が上手にできない

第3章　運動が苦手

2 動きの解説

体とボールの距離を調整しボールを止めてから、シュートやパスをするため、距離感をつかむことが求められます。また、転がってきたボールを足で止めたり、キックするために片足を上げたりするためには、バランス感覚の働きも必要になります。

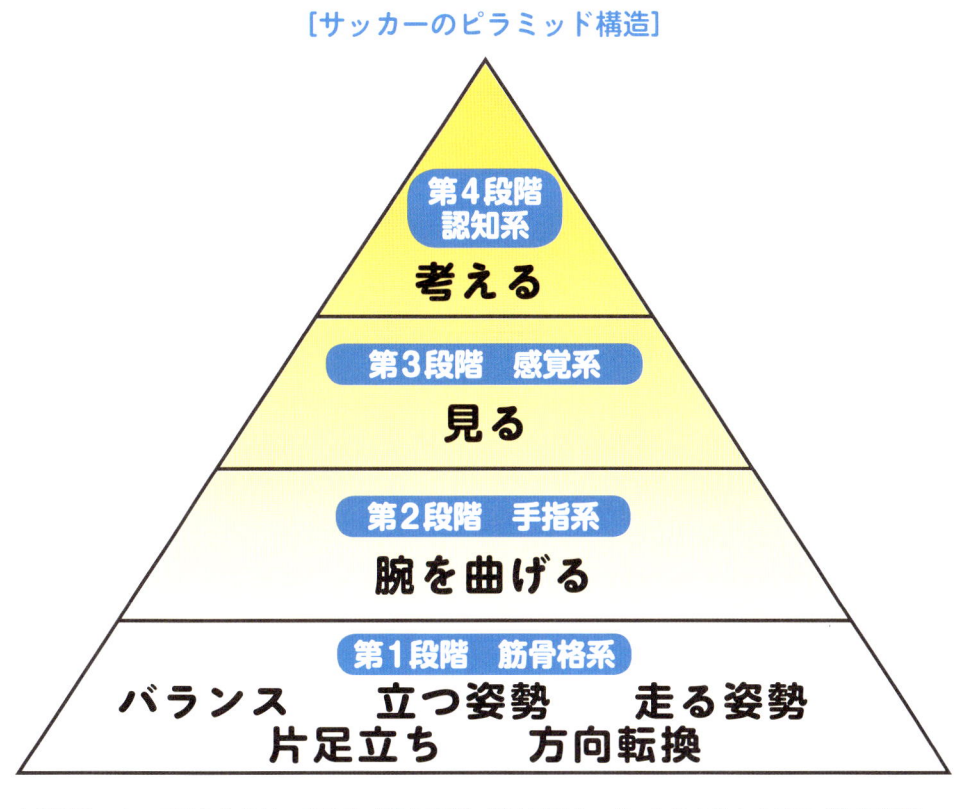

[サッカーのピラミッド構造]

```
          第4段階
          認知系
          考える

       第3段階　感覚系
          見る

     第2段階　手指系
        腕を曲げる

    第1段階　筋骨格系
 バランス　立つ姿勢　走る姿勢
    片足立ち　方向転換
```

上手にサッカーするためには、考える（第4段階）だけでなく、ボールや人をよく見て（第3段階）、腕を使って（第2段階）、バランスをとりながらボールをける（第1段階）ことが必要です。

POINT!

- **転がってくるボールをまず止める**
- **ける足を後ろに引いてからける**
- **転がるボールとの距離感をつかむ**

→ けるときは、ける足を股関節から後ろに引き、ひざは曲げる動きを同時にしながら片足立ちとなります。この「引く」動きが大切です。左右のどちらも練習します。

9 サッカー（ボールキック）が苦手

3 指導アラカルト

ボールストップ ★

バランス感覚、見る力をやしなう

動くボールを追いかけて走り、片足をあげて止める練習です。（例：3秒保持できたら5点、足が床につく2点、スルー－3点、まにあわない－5点、合計30点になるまでおこないます）

- 体育館でできる
- ボール
- チェックリスト 2 3 4 12 13 14 に有効

距離を測り、ボールを転がします

ボールを転がし始めたら動き出して止めにいきましょう

両足はさみジャンプ（P155参照） ★

片足ボール乗せ ★

バランス感覚をやしなう

片足をボールに乗せて、動かないようにバランスを保ち静止し続けます。目を閉じた状態でもおこないます。できたら、次に、足を前後方向に動かします。または、円を描くように動かすようにします。このとき、バランスを崩して足がボールから落ちないようにします。

- 家でできる
- ボール
- チェックリスト 3 4 6 7 10 11 に有効

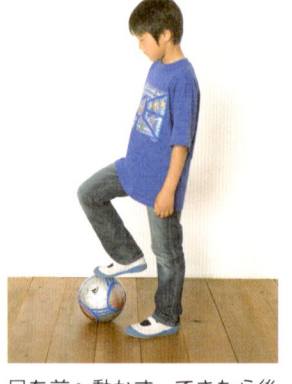

足を前へ動かす、できたら後ろに動かすのを繰り返します

第3章　運動が苦手

壁つかまりキック ★

正しいけり方を身につける
壁に手をあて、キックします。足を振り子のように揺らしてスイングさせます。骨盤から動かすように確認します。

壁にもたれかからないようにしましょう

家でできる
チェックリスト
5 6 7 に有効

足引き ★

正しいけり方を身につける
ボールを床からはなし、保持します。片足で立ち、もう片方の足を後方に引く動きの学習をします。

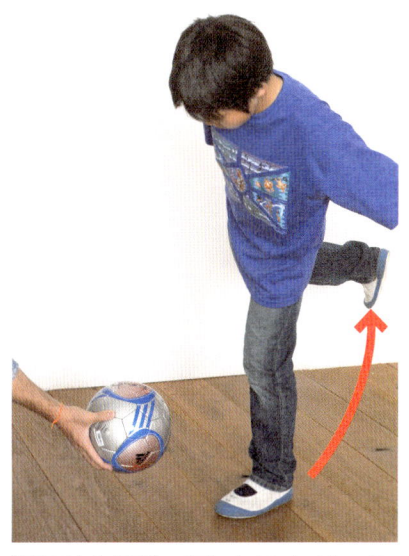

けることを想定して足に力をいれましょう

家でできる
ボール
チェックリスト
6 7 10 11 12 に有効

小刻みドリブル ★

ける力加減を身につける
やさしい力でキックし小さくドリブルします。小刻みにキックする力の加減をやしないます。

体育館でできる
ボール
チェックリスト
5 8 9 11 12 13 14 に有効

9 サッカー（ボールキック）が苦手

ケンケンジャンプ ★★

正しいけり方を身につける

ボールを軸に、ケンケンしながら回ります。ひざを曲げ、足を後ろに引くことを学習します。

家でできる
ボール
チェックリスト
3 10 11 13
に有効

ボールが動かないように意識しましょう

ひざを大きく曲げてケンケンします

キック立ち ★★

正しいけり方を身につける

起立します。次に一歩前に踏み出します。ける足は、後方に引いたまま、片足立ちするようにします。

家でできる
チェックリスト
1 2 6 7
10 に有効

ボールがあると想定して目線を下に向けます

第3章　運動が苦手

紙風船けり ★★★

足の力・見る力をやしなう

紙風船をけります。リフティング、ヘディングの練習もおこないます。ボールを見る練習にもなります。

```
家でできる
紙風船
チェックリスト
6 7 12 15
に有効
```

リフティングを続けられるようにテンポよくおこないましょう

ヘディングは紙風船をよく見ましょう

大きなビニールをキック ★★

足の力をやしなう

大きなビニールを丸めて、キックします。遠くにとばないので、教室や家でも取り組めます。

```
家でできる
大きなビニール
チェックリスト
5 6 7 10
に有効
```

ボールを強くける練習になります

サッカー（ボールキック）が苦手な子への サポートのコツ

筋力強化よりもコントロール

ボールを止めたり、相手にパスしたりするなど、やさしい力のコントロールが求められます。段階的に動きを身につけていきましょう。

COLUMN 4 「もしかして、発達障害？」と気になったときは

本書で取り上げてきた指先の動きや運動の苦手は、未学習や経験不足だけではなく、発達障害（自閉症などの広汎性発達障害、学習障害、注意欠陥多動性障害）が原因になることもあります。

発達障害に関しては、近年、発達障害者支援法という法律もでき、乳幼児期から成人期までのどのライフステージにおいても適切な支援が受けられるように、各地域での支援サポートの取り組みがおこなわれております。

相談機関としては、教育センター・特別支援教育センター、発達障害者支援センターなどが各地に設置されていますので、気になるときは相談をおすすめします。

また、発達障害について知るには、以下のようなサイトが参考になります。

■ 政府広報オンライン　発達障害って、なんだろう？
http://www.gov-online.go.jp/featured/201104/index.html

■ 国立特別支援教育総合研究所　発達障害教育情報センター
http://icedd.nise.go.jp/
※教育センター・特別支援教育センターの情報もあります。

■ 国立障害者リハビリテーションセンター　発達障害情報・支援センター
http://www.rehab.go.jp/ddis/
※発達障害支援センターの情報もあります。

第4章

その他の苦手

CONTENTS
1. 肥満でしゃがむ、すばやく動くのが苦手 —— P144
2. ケガしやすい（転ぶ、ぶつかる） —— P150

1 肥満でしゃがむ、すばやく動くのが苦手

肥満だと疲れやすいので、座ったり、寝転がったりが増えます。バランスが悪くケガにもつながります。どんな運動が効果的かを学びましょう。

1 苦手チェックリスト

こんな子いませんか？

1. 足が棒状に突っ張って立っている
2. 動作が緩慢で、集団から遅れる
3. しゃがみ込んだり、座りたがったりする
4. 床でごろごろしている
5. 寝そべって遊んでいる
6. 体をひねるのが上手にできない
7. 首を動かすのが上手にできない
8. 立っているとき、腰の反りが大きい
9. しゃがむと倒れる
10. 床から物をもち上げるとき、腰が高い
11. X脚になっている
12. O脚になっている
13. くつのかかとを踏んでいる
14. ひざの屈伸が上手にできない
15. 和式トイレが上手に使えない

2 動きの解説

太ってくると体重が重いだけでなく、動作が緩慢になり集団行動の遅れ、ケガにつながることもあります。

「ひざを突っ張らせて（棒立ちで）立ったり歩いたりする」、「体幹を固めたように歩いたり、振り向いたりする」、「しゃがむとき転倒したり、座り込んだり、すぐあきらめたりする」といった状態になると、効率が悪く、疲れやすくなり、やる気をなくす結果につながってしまい、悪循環に陥ります。

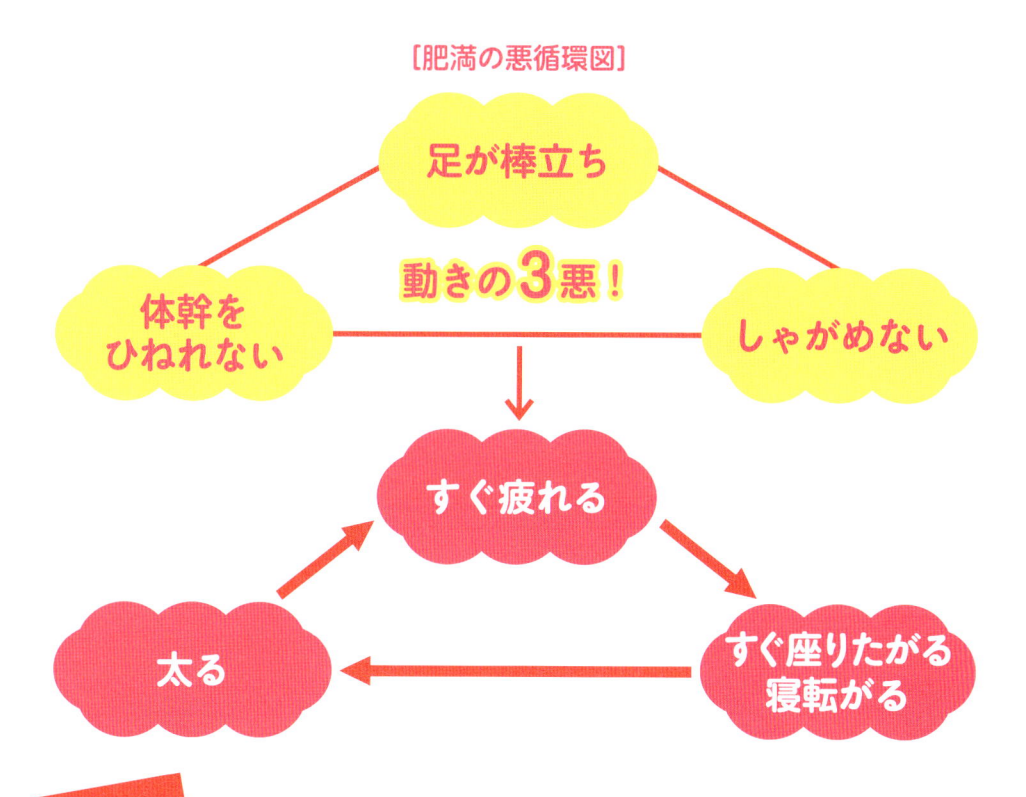

[肥満の悪循環図]

動きの3悪！
- 足が棒立ち
- 体幹をひねれない
- しゃがめない

↓

すぐ疲れる → すぐ座りたがる 寝転がる → 太る → （すぐ疲れる）

POINT!

❶ **ひざを曲げる動きを引き出す**
❷ **体幹のひねりを引き出す**
❸ **しゃがむ姿勢を引き出す**

→ 肥満による動きを改善するには、ひざを突っぱらせて立ったり、歩いたりするのではなく、ひざを上手に動かすことや、体幹のひねる動きを使うこと、そして、しゃがみ姿勢が楽にできることがポイントになります。

1 肥満でしゃがむ、すばやく動くのが苦手

3 指導アラカルト

いすの活用 ★

しゃがむ姿勢を身につける

いすの後ろに起立し、いすにつかまり、しゃがむ練習をします。しっかり腰を落とすようにうながします。

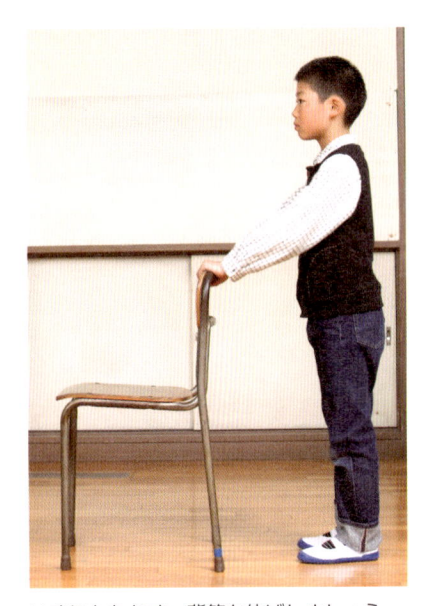

家でできる
いす
チェックリスト
1 4 5 9
12 15 に有効

NG 足裏全部が床についていると足首の力がやしなえません

いすにもたれず、背筋を伸ばしましょう

拭き動作 ★★

バランス感覚、手の力をやしなう

床拭きでしゃがみ続けるのが難しかったり、なかなかできないときは、テーブル拭きから始めるとよいでしょう。中腰姿勢となり、布巾を前後方向に拭くようにうながします。教室では黒板拭き、家庭では、窓拭き、お風呂の浴槽拭きなどに応用できます。

家でできる
雑巾 布巾
チェックリスト
1 3 4 5
8 9 に有効

第4章　その他の苦手

ボード前進 ★★

バランス感覚・手の力・見る力をやしなう

スケートボードにボールを乗せ、両手でボールを押しながら、ボードを前進させていきます。慣れてきたら床にある線などに合わせて前進します。バランス、両手の力加減、見る力をやしないます。

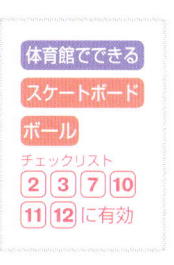

体育館でできる
スケートボード
ボール
チェックリスト
2 3 7 10
11 12 に有効

ボードだけ先に進まないように、両手の力を加減しましょう

しゃがみ歩き ★★

バランス感覚、ひざの筋力をやしなう

腰を落とし、ひざを曲げながら前進していきます。正しいしゃがみの姿勢を身につけます。

家でできる
チェックリスト
1 9 10 11
14 15 に有効

背筋を伸ばして歩きましょう

1 肥満でしゃがむ、すばやく動くのが苦手

バランスボール ★★

バランス感覚、足の力をやしなう

バランスボールに腹ばいに乗ります。足首で床をけり、前後に軽く揺らしながら姿勢を保持します。

家でできる
バランスボール
チェックリスト
4 5 8
に有効

NG 足で床をけれていません

両手・両足は床につけましょう

ボールおへそ転がし ★★

体幹のひねりを引き出す

立って、ボールをへそにつけます。へその周りをボールで転がします。両手を使って時計まわりに落とさないように10回転がします。できたら、同様に反対側に転がします。体のひねりをうながしていきます。

家でできる
ボール
チェックリスト
6 に有効

NG ボールを手のひらでつかめていません

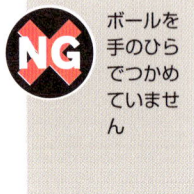

へそから離れないように回しましょう

第4章　その他の苦手

ボールつぶし ★★

足の力・バランス感覚をやしなう

やわらかいボールを床に置きます。両ひざをボールに押しあてます。姿勢を崩さないように、ボールに乗ります。

家でできる
ボール
チェックリスト
1　9　10　12　14
に有効

ボールがはずれないように、バランス感覚を意識しましょう

足脚体操（寝て） ★★

バランス感覚、ひざ、足首の力をやしなう

自分の足をもう片方の足で、こすり運動します。3つの体操からなります。いすに座っていても、床に寝た状態でもできます。

家でできる
チェックリスト
1　3　9　11　14
に有効

内側こすり体操です。内くるぶしに足裏をあて、上にこすりあげていきます。4回おこないます

外側こすり体操です。外くるぶしに足の甲をあて、上にこすりあげていきます。4回おこないます

アキレス腱はさみ体操です。アキレス腱を親指と人さし指にはさみ込み、上下に動かします。4回おこないます

肥満の子へのサポートのコツ

ひざの屈伸運動をなめらかにする

腰が反りかえると、転倒、ケガにつながります。足が棒立ちにならないように、ひざの屈伸の動きを学びましょう。

2 ケガしやすい（転ぶ、ぶつかる）

日常生活で、転倒したり、ぶつかったりなどでケガしやすい子どもがいます。体を鍛え、予防するコツを身につけましょう。

1 苦手チェックリスト

こんな子いませんか？

1. 猫背で歩いている
2. 踏んばれずに転びやすい
3. 平坦な場所でも転ぶ
4. 歩くとき、体のひねりが見られない
5. 歩くとき、ぱたぱたと足音がする
6. 足を滑らせるように歩く
7. 歩くとき、顔が下を向いている
8. サイズの大きいくつを履いている
9. よくくつが脱げる
10. 転ぶとき、手が出ない
11. 衝動的に行動する
12. 物によくぶつかる
13. 落ちつきがない
14. 歩くのが遅い
15. マイペースで、スピードの調節が上手にできない

2 動きの解説

ケガしやすいのは、注意だけの問題ではありません。転ばないためには、バランス感覚が十分に機能していなければなりません。体の位置情報をしっかりキャッチして、体の傾きを調整するバランス感覚が求められます。顔をぶつけないように手で支える動きも重要です。手、腕の筋肉を鍛えたからといって、転びそうになったとき手が自然にでるとは限りません。手がとっさに出る動きは、バランス感覚の働きと関係しているのです。

また、よく「踏んばる」と言いますが、ぶつからないように動きを止めたり、方向を変えたりするために、足首の動きも影響します。

［ケガの原因］

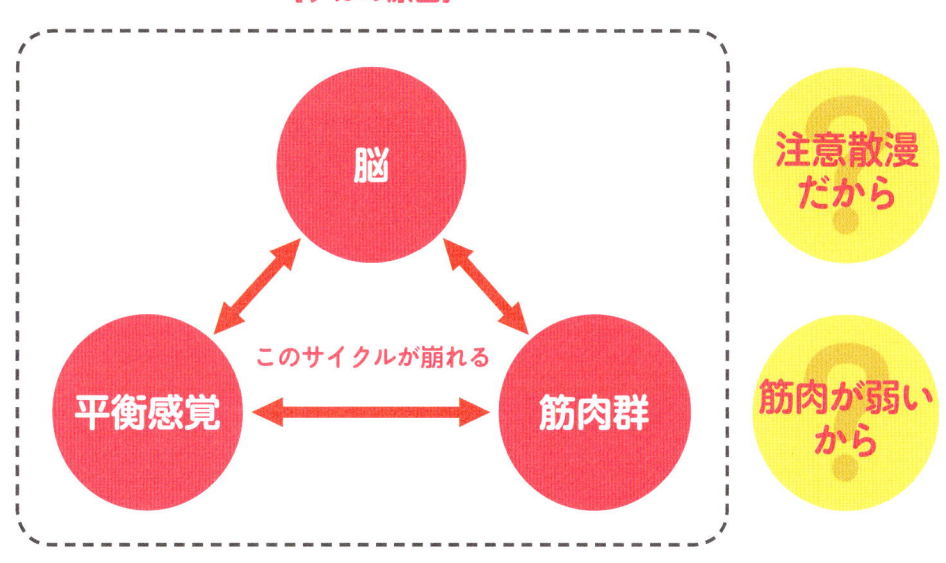

脳 ― 平衡感覚 ― 筋肉群
このサイクルが崩れる

注意散漫だから

筋肉が弱いから

3つが一体となってはじめて機能する

POINT!

- **バランス感覚を働かせる**
- **体が倒れないように手の支えを使う**
- **足の踏んばりも重要**

→ 転びそうになったとき、筋肉だけで立て直すのではなく、傾きをキャッチするバランス感覚が果たす役割は大きいです。転ばないように足首を踏んばる力や、顔をぶつけないように手で支える動きも重要です。

2 ケガしやすい（転ぶ、ぶつかる）

3　指導アラカルト

線上歩行（P32参照） ★★

チェックリスト
4 11 に有効

クロス歩き ★

バランス感覚、体幹・見る力をやしなう

線を踏まないように足を交差させて歩きます。バランス、体幹のひねりをやしないます。また、見る練習にもなります。

体育館でできる
チェックリスト
3 4 11 12
14 に有効

線を踏まないように見ながら歩きます

あぐら立ち ★★

バランス感覚、足の力をやしなう

床に、あぐら座りをします。両腕を組んだまま、手を使わずに立ちあがります。できたら、両腕を組んだまま、あぐら座りをします。

家でできる
チェックリスト
2 3 6 13
14 に有効

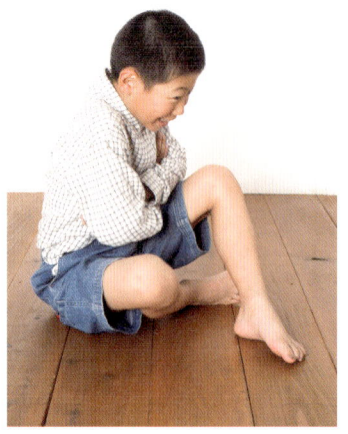

足だけで立ったり座ったりできるようにします

第4章　その他の苦手

あぐら相撲 ★★

バランス感覚をやしなう

子どもは腕を組みながらあぐらで座ります。大人は子どもの左右、前後から、ゆっくり押して倒すゲームです。負けたら交代します。

家でできる
チェックリスト
1 3 7 11
に有効

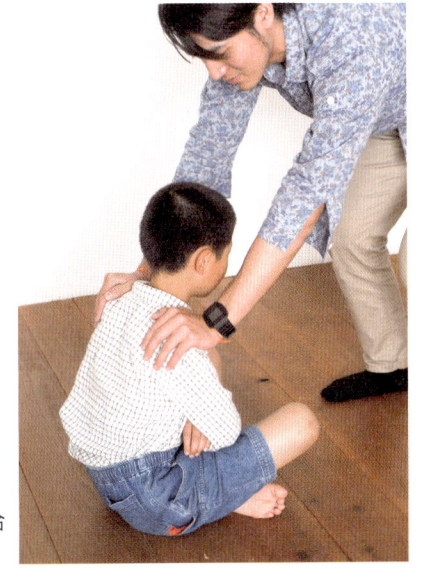

ひざ立ち姿勢から押し合うのもよいでしょう

立ち押し相撲 ★★

足の力、バランス感覚をやしなう

2人が向かい合って立ちます。両手で押し合います。足は動かさないようにします。

家でできる
チェックリスト
2 3 10 11
15 に有効

両足で踏ん張り、バランスを保ちましょう

2 ケガしやすい（転ぶ、ぶつかる）

地面こすり体操 ★★

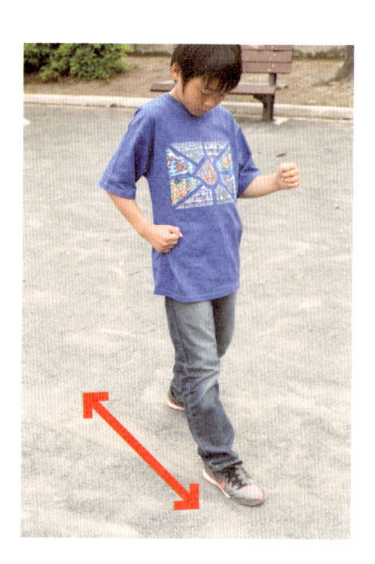

体幹のひねりを引き出す

起立し、片方の足は動かさず、もう片方の足を前後方向に滑らせ地面をこすります。反対の足でもおこないます。

家でできる
チェックリスト
③⑤⑥⑧⑨に有効

片足を軸にして運動しましょう

たまごパック踏み ★★

バランス感覚、足首の力をやしなう

不要になったたまごパックを用意し、足の裏全体で踏みつぶします。最初はゆっくり触感を確かめながらおこないます。慣れてきたら、ひざを高く上げて強く踏みつぶします。足の裏の感覚が過敏な場合はくつ下を履いたまま、あるいは、くつを履いたままでおこなっても構いません。

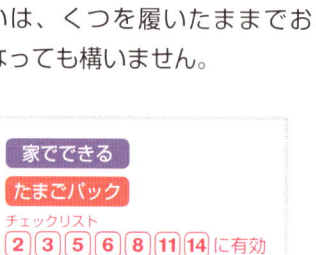

家でできる
たまごパック
チェックリスト
②③⑤⑥⑧⑪⑭に有効

左右の足でひざを高くあげて踏むようにうながしましょう

フープインストップ（P134参照） ★★

チェックリスト
②③⑫⑬に有効

天井体操（P26参照） ★

チェックリスト
①⑦に有効

第4章　その他の苦手

両足はさみジャンプ ★★

体幹・足首の力をやしなう

高ばい姿勢になります。両足にボールをはさみ込みます。ボールを落とさないように両足ジャンプをして前進します。体幹、足首を鍛えます。

体育館でできる
ボール
チェックリスト 3 5 6 11 に有効

ボールを落とさないように、足に力を入れ続けます

足脚体操（座って） ★★★

足首、ひざの力、背筋を伸ばすのをうながす

脚を自分の足でこする体操です。3つの方法からなります。

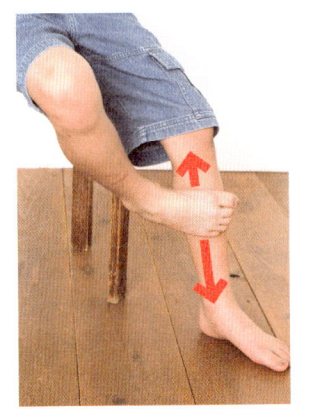

家でできる
いす
チェックリスト 1 3 5 6 に有効

内側こすり体操です

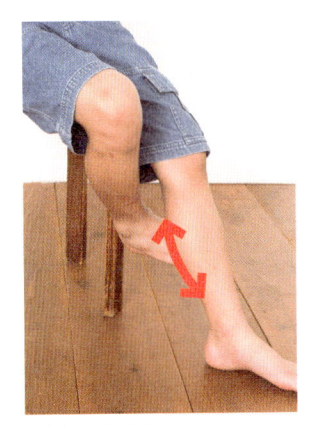

外側こすり体操です

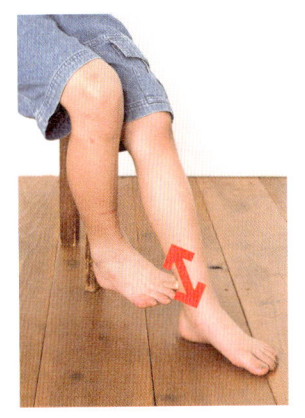

アキレス腱はさみ体操です

サポートのコツ（ケガしやすい子への）

足首の力をやしない、バランスをとる

転倒などでケガをしないためには足を踏んばったり、方向転換をする動きが必要です。バランス感覚と足の動きを、課題をおこないながら、身につけていきましょう。

155

おわりに

　本書は、座る、立つといった基本の動きから指先の動き、体育でおこなう運動まで、教室や家庭でできる指導アラカルトを紹介してきました。いかがでしたでしょうか。最後まで、読んでいただきありがとうございました。

　体の動きを指導するうえで大切なことは、子どもにとって「させられ体験」にならないように気をつけることです。できない場面に遭遇したときは、同じ課題の繰り返しではなく、体の仕組みを理解し、適度にサポートしながら、段階に分けてチャレンジ課題を設定して指導することが、「できた！」を増やす最良の方法ではないかと考えます。

　そうすることで、意欲をもって取り組めるようになり、「ちょっとやってみようか」と自らトライするようになることでしょう。その小さな積み重ねが、自信をもってできるようになっていく近道だと思います。鬼コーチになるのではなく、よきサポーターとして寄り添ってあげてほしいと思います。

　指導アラカルトはあくまでも一例です。これをヒントに、子どもに合ったものにアレンジして、取り組んで欲しいと思います。オリジナルをつくるのも構いません。子どもたちの「できた！」という笑顔、得意げな顔を思いだしながら、その子に合った指導を考案されるようになることを祈念しております。

笹田 哲

● 著者 ●

笹田哲（ささだ　さとし）

北海道生まれ。
神奈川県立保健福祉大学保健福祉学部リハビリテーション学科作業療法学専攻准教授（2015年4月より同大学教授）。博士（保健学）。作業療法士として学校に訪問し、子どもたちの学習支援に取り組んでいる。『「かしこい体」のつくり方―保育園・幼稚園・学校・家庭でできる』（山洋社）、『学校での作業療法―作業活動をとおして学校と家庭で子どもの発達を支援する』（山洋社）、『発達障害領域の作業療法』（共著、中央法規出版）などの著書がある。

● モデル ●

上保伊雄紀
斉藤志帆
髙橋諒
竹下博貴

● スタッフ ●

制作	株式会社ナイスク（http://naisg.com）
	松尾里央　石川守延　大熊静香　髙作真紀
	岩本彩
制作協力	伊田幸平
撮影	魚住貴弘　中川文作
カバー・本文デザイン	レンデデザイン（小澤都子）
イラスト	柿田ゆかり　斉藤正太

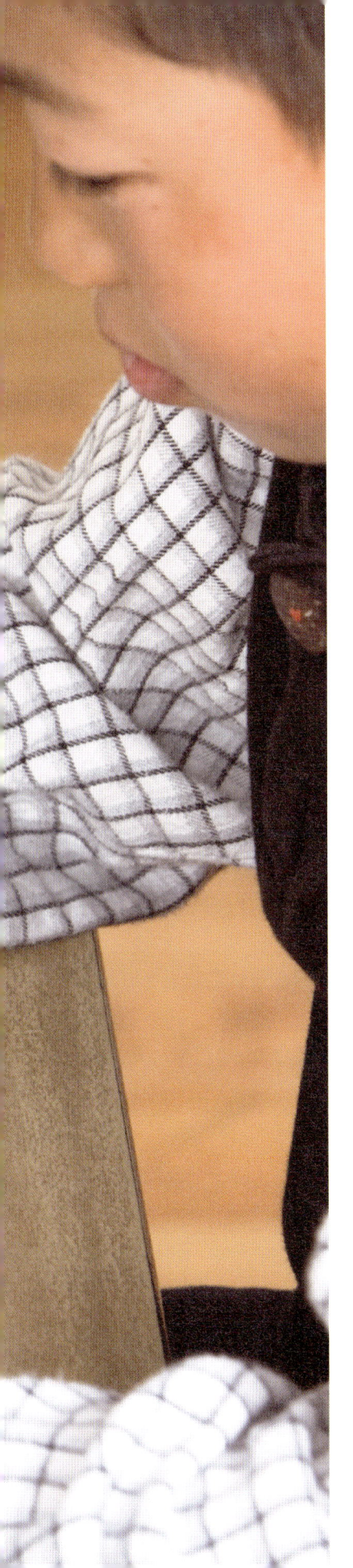

気になる子どものできた！が増える
体の動き指導アラカルト

2012年 8 月13日　初版発行
2021年 9 月10日　初版第8刷発行

著者	笹田 哲
発行者	荘村明彦
発行所	中央法規出版株式会社
〒110-0016	東京都台東区台東3-29-1　中央法規ビル
営　　業	TEL 03-3834-5817　FAX 03-3837-8037
取次・書店担当	TEL 03-3834-5815　FAX 03-3837-8035
	https://www.chuohoki.co.jp/
印刷・製本	ルナテック

ISBN978-4-8058-3711-5
定価はカバーに表示してあります。
本書のコピー、スキャン、デジタル化等の無断複製は、著作権法上での例外を除き禁じられています。また、本書を代行業者等の第三者に依頼してコピー、スキャン、デジタル化することは、たとえ個人や家庭内での利用であっても著作権法違反です。
落丁本・乱丁本はお取り替えいたします。

本書の内容に関するご質問については、下記URLから「お問い合わせフォーム」にご入力いただきますようお願いいたします。
https://www.chuohoki.co.jp/contact/